Lara Milan

SEM Italy

ALTAS CAPACIDADES

EDUCACIÓN SECUNDARIA
— OBLIGATORIA (ESO) —

QUÉ HACER
(y qué NO)

Vegueta 🗄 Ediciones

ÍNDICE

PRESENTACIÓN 5

INTRODUCCIÓN 7

CAPÍTULO **1** SE ABURRE 32

CAPÍTULO **2** HABLA
y molesta 40

CAPÍTULO **3** NO PARA
DE MOVERSE
y pide permiso para salir 44

CAPÍTULO **4** JUEGA
durante la clase 48

CAPÍTULO **5** INTERRUMPE
la clase con preguntas
y no respeta su turno 52

CAPÍTULO **6** LO DISCUTE TODO
(reglas, opiniones, decisiones) 58

CAPÍTULO **7** NO HACE
los deberes 64

CAPÍTULO **8** NO LE GUSTA
trabajar en grupo 70

CAPÍTULO 9 **LOS RESULTADOS** académicos no reflejan su potencial 76

CAPÍTULO 10 **LE CUESTA INTEGRARSE** en el grupo de coetáneos 88

CAPÍTULO 11 Presenta un **DESARROLLO ASINCRÓNICO** 96

CAPÍTULO 12 **ES PERFECCIONISTA** y corre el riesgo de quemarse 102

CAPÍTULO 13 **ES SOBREEXCITABLE** y muestra una sensibilidad e intensidad elevadas 110

CAPÍTULO 14 Le cuesta **AUTORREGULARSE** 118

CAPÍTULO 15 Presenta **SÍNTOMAS DEPRESIVOS** 126

CONCLUSIONES 131

BIBLIOGRAFÍA 133

LARA MILAN

Lara Milan es especialista en educación y altas capacidades y se dedica principalmente a la formación del profesorado en modelos y estrategias didácticas para responder a las necesidades educativas especiales de estudiantes con altas capacidades, estudiantes con bajo rendimiento pese a ellas, y estudiantes con una doble excepcionalidad. Además, asesora al profesorado en la implementación de enfoques educativos en el aula y en la redacción de Planes de Desarrollo Personalizados (PDP) para este tipo de alumnado.

Es fundadora de SEM Italy, un centro acreditado por las principales instituciones internacionales de educación para las altas capacidades: www.semitaly.com.

 Nota: Para facilitar la lectura, en el texto se hace referencia principalmente al género masculino. Sin embargo, las situaciones y estrategias propuestas son aplicables tanto a chicos como a chicas, sin distinción.

PRESENTACIÓN

Queridos docentes y padres:

Soy especialista en educación y altas capacidades y llevo más de diez años dedicándome al desarrollo del talento y el alto potencial. Mi interés por esta temática, aún poco conocida por muchos, me llevó a estudiar modelos y estrategias didácticas en el extranjero, especialmente en Estados Unidos, donde las necesidades educativas especiales de los estudiantes con altas capacidades y estudiantes con doble excepcionalidad gozan de un amplio apoyo y reconocimiento. Mi formación profesional me impulsa a observar al alumnado desde la perspectiva de su potencial, identificando sus puntos fuertes e intereses para diseñar propuestas educativas personalizadas. Estas buscan, por un lado, estimular las elevadas demandas cognitivas de los estudiantes con altas capacidades y, por otro, reforzar su vínculo con la escuela, ya que, a menudo, manifiestan un aburrimiento que puede derivar en bajo rendimiento académico y, en algunos casos, en abandono escolar.

Mi formación profesional internacional y la experiencia adquirida sobre el terreno me han llevado a adoptar una visión menos elitista de las altas capacidades, empleando un enfoque inclusivo que permita desarrollar las aptitudes, manifiestas o latentes, de todos los estudiantes y, al mismo tiempo, diseñar actividades estimulantes para desafiar a los estudiantes más dotados o académicamente avanzados, que requieren oportunidades y ritmos de aprendizaje diferentes a los del grupo clase.

De un tiempo a esta parte, la investigación en este campo se ha alejado de una visión puramente psicométrica de la inteligencia, y ha adoptado una concepción de las altas capacidades como un constructo multicomponencial, sugiriendo un enfoque de identificación basado en múltiples criterios. Este enfoque propone valorar la neurodiversidad de cada persona. El objetivo es que esta perspectiva no solo garantice la dedicación de herramientas, metodologías y profesionales, para responder a las necesidades educativas especiales de estos estudiantes, sino también que dichos recursos, tanto humanos como materiales, puedan beneficiar al conjunto de la clase, desarrollando los dones y talentos de un porcentaje más amplio que el tradicional 2 % de la población escolar al que suelen ir dirigidos estos servicios, conocidos como programas de atención a los estudiantes con altas capacidades.

Esta visión inclusiva no implica que todo el alumnado presente altas capacidades, sino que pretende explorar cómo podemos desarrollar plenamente el potencial de cada uno.

En este sentido, el modelo de enriquecimiento escolar de Renzulli y Reis constituye un hito en el ámbito de la investigación de la alta capacidad y el talento, ya que permite extender esta pedagogía a toda la población escolar. Este modelo ofrece oportunidades, recursos y estímulos para desarrollar plenamente los múltiples dones y talentos de todos los estudiantes, al mismo tiempo que propone actividades de enriquecimiento y aceleración capaces de estimular a los estudiantes con altas capacidades. Esta pedagogía, centrada en los puntos fuertes de todos los alumnos, puede reconvertir el proceso de bajo rendimiento y prevenir el abandono escolar, además de responder a las necesidades educativas de los estudiantes doblemente excepcionales.

INTRODUCCIÓN

Altas capacidades

El término «altas capacidades» se utiliza para describir un conjunto de características genéticas, psicológicas y comportamentales que comparten algunos niños y adolescentes que representan aproximadamente el 2 % de la población escolar. En el contexto internacional, existen diversas concepciones y definiciones del término. La más extendida, de la National Association for Gifted Children,[1] define a los niños con altas capacidades como aquellos que, en comparación con sus coetáneos, demuestran o tienen el potencial de demostrar niveles excepcionales de rendimiento en una o más de las siguientes áreas:

- habilidad intelectual general;
- aptitud académica específica;
- pensamiento creativo;
- capacidad de liderazgo;
- artes visuales y escénicas.

Cómo reconocer a los estudiantes con altas capacidades

Las altas capacidades son un concepto multidimensional y, por lo tanto, requieren de un sistema multicriterial de identificación para su evaluación y para evitar diagnósticos erróneos o falta de diagnósticos.

Sin embargo, persiste en algunos entornos educativos una visión reduccionista que utiliza esencialmente los tests de coeficiente intelectual (CI). En general, se asocian las altas capacidades a un CI ≥ 120, mientras que las altas capacidades excepcionales a un CI ≥ 130.

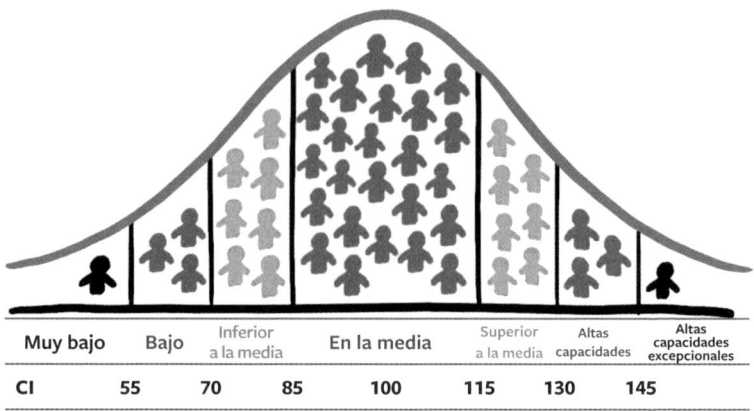

Muy bajo	Bajo	Inferior a la media	En la media	Superior a la media	Altas capacidades	Altas capacidades excepcionales
CI	55	70	85	100	115	130	145

La alta capacidad no debe confundirse con su forma de medición, ya que el CI es solo uno de los parámetros para identificar a un sujeto con estas características. El CI no es sinónimo de altas capacidades, sino tan solo un posible indicador de su existencia.[2]

En esencia, un estudiante con altas capacidades no solo tiene una inteligencia cuantitativamente distinta, sino también cualitativamente, caracterizada por su capacidad para pensar de forma divergente y creativa, resolver problemas complejos, razonar de forma abstracta y procesar grandes cantidades de información con rapidez.

La rápida asociación de ideas no siempre se traduce bien al plano gráfico, ya que sus pensamientos son más veloces que su escritura, lo que a veces dificulta la legibilidad de su caligrafía.

Se ha confirmado que existe una estrecha relación entre factores neuroanatómicos, comportamentales, genéticos, socioculturales, familiares y ambientales en el desarrollo de las altas capacidades.[3, 4, 5]

Además, es crucial atender a los estudiantes con doble excepcionalidad, que, por un lado, presentan un desarrollo atípico (trastornos del aprendizaje, trastorno por déficit de atención e hiperactividad, autismo, síndromes genéticos o trastornos de la conducta) y, por otro, tienen un alto potencial y niveles de excelencia en una o más áreas. En ellos, el trastorno puede enmascarar sus capacidades, del mismo modo que estas pueden ocultar un trastorno del aprendizaje.

La falta de reconocimiento de las necesidades educativas especiales de los estudiantes con altas capacidades genera una carencia de estímulos que puede derivar en problemas de comportamiento y adaptación. Es tarea de cada docente crear un entorno de aprendizaje estimulante y motivador, ya que, solo mediante intervenciones educativas adecuadas, puede el estudiante desarrollar plenamente su potencial y lograr un desarrollo armónico.

Es esencial identificar y valorar a los estudiantes con altas capacidades cuanto antes, para evitar que sus vulnerabilidades se conviertan en factores de malestar o contribuyan a la aparición de trastornos más profundos.

Además, es importante informar a estos alumnos de sus características, utilizando métodos apropiados para su edad. Conviene ofrecerles una visión amplia del tema, de modo que no vivan su singularidad con una connotación negativa que, en última instancia, podría llevarlos a aislarse de los demás. El proceso de evaluación debe ir acompañado de la intervención de un profesional capacitado. Sería deseable que cada centro escolar contara con una figura profesional especializada en altas capacidades. También que los padres de estos estudiantes contaran con apoyo especializado en el proceso de toma de conciencia para comprender las múltiples necesidades de sus hijos. En caso de que surjan dificultades escolares, sociales o emocionales, podría ser recomendable consultar a un psicólogo para garantizar al estudiante un apoyo que contribuya a promover una evolución armónica y sincrónica en todas las áreas de su desarrollo.

Diferencias entre estudiantes brillantes y estudiantes con altas capacidades

Los estudiantes con altas capacidades rara vez destacan en todo; suelen tener un área de excelencia y, en ocasiones, un rendimiento académico medio en otras materias. Por ello, términos como «genio» o «friki», a menudo utilizados por jóvenes y adultos, son inapropiados.

Existen diferencias significativas entre estudiantes brillantes y estudiantes con altas capacidades. Los primeros suelen ser atentos, comprometidos, aprenden fácilmente tras varias repeticiones y conocen las respuestas a las preguntas planteadas.

Por el contrario, los segundos son extremadamente curiosos, intuitivos, no se conforman con las explicaciones que les dan y plantean preguntas constantemente, anticipándose a veces a las respuestas. Demuestran habilidades avanzadas en ciertos campos (no comunes para su edad) y llegan a deducciones originales, lo que hace innecesaria la repetición de conceptos.

La rapidez de aprendizaje los distingue de inmediato de sus compañeros de clase, y tienden a preferir la compañía de personas adultas con las que dialogar y medirse.

Paradójicamente, estos aspectos pueden suponer puntos fuertes y débiles, ya que, si bien la facilidad con la que aprenden —unida a una buena memoria, un pensamiento creativo, abstracto y crítico, una imaginación viva y excelentes habilidades verbales— les permite sobresalir, también pueden aburrirse profundamente en la escuela debido a la lentitud de las lecciones, la falta de desafíos y la incomodidad ante repeticiones innecesarias de conceptos y prácticas ya consolidadas. Esto puede llevarlos a experimentar frustración, que en ocasiones podría derivar en comportamientos polémicos y desafiantes.

Además, sus compañeros no siempre comprenden de inmediato su sutil sentido del humor y, a menudo, no comparten su deseo ni el modo de jugar, ya que lo consideran pueril.

Conscientes de su «diversidad» en comparación con los demás, podrían interpretarla de manera negativa, lo que, en algunos casos, podría desembocar en una baja autoestima. Por ello, es importante que comprendan que todos estos elementos son distintivos de su forma de ser y los caracterizan como individuos.

¿Qué herramientas de identificación pueden utilizarse en la escuela?

No existe un sistema perfecto de identificación, al igual que no hay un único modo de desarrollar el talento.

Las herramientas de identificación suelen depender de la definición de altas capacidades que se adopte. En los últimos años, se ha tendido hacia un sistema de identificación que supere los estrictos umbrales de los métodos tradicionales de evaluación.

Las escalas de Renzulli están diseñadas desde una perspectiva multidimensional de las altas capacidades y permiten que el profesorado evalúe a los estudiantes en comparación con sus compañeros en una serie de comportamientos observables.[6, 7]

Quienes obtienen una puntuación elevada en estas escalas tienen mayores probabilidades de formar parte de este perfil. Estas herramientas valoran la percepción del docente con respecto a las características del estudiante.

Altas capacidades y adolescencia

Los estudiantes con altas capacidades se enfrentan a los mismos problemas de desarrollo que experimentan todos los adolescentes, pero, en ciertos casos, estos pueden exacerbarse debido a las necesidades especiales y a las características que los definen.

Entre estas, podemos señalar: el perfeccionismo, la competitividad, las evaluaciones poco realistas de los objetivos, aislamiento del grupo de iguales, confusión debida a visiones contradictorias sobre su potencial, presión social y familiar para alcanzar metas ambiciosas, además de la falta de desafíos escolares adecuados, lo cual los lleva a una insatisfacción general y a un bajo rendimiento académico.

Algunos pueden tener dificultades para hacer amigos, decidir qué estudiar y, más adelante, elegir una profesión.

Además, muchos adolescentes con altas capacidades experimentan el «síndrome del impostor», que los lleva a dudar de su talento, a cuestionar la validez de las pruebas que han identificado que responden a este perfil y, en última instancia, a negar sus habilidades excepcionales, cediendo en cierto modo a la presión del conformismo.

Los adolescentes con gran talento suelen sufrir de perfeccionismo, ya que tienden a fijarse estándares muy elevados. Asimismo, a medida que crecen, son mucho menos propensos a asumir riesgos en comparación con otros jóvenes, ya sea porque parecen más conscientes de las repercusiones, tanto positivas como negativas, a las que podrían enfrentarse, o porque estas podrían poner en peligro su «estatus» de talentosos.

Finalmente, las expectativas desmesuradas de padres, docentes e incluso compañeros pueden ser tan exigentes que se convierten en un peso insoportable, especialmente si no están en consonancia con los deseos individuales que el adolescente tiene para sí.

Los adolescentes con altas capacidades podrían sentir la presión de tener que alcanzar una identidad personal antes que sus compañeros de la misma edad y maduración biológica.

Los itinerarios de aceleración educativa, disponibles en muchos países, los obligan a veces a tomar decisiones académicas y profesionales antes que sus iguales, con el riesgo de que esta decisión no esté en consonancia con su proceso de maduración.

Si los padres y los docentes son conscientes de estas dinámicas, pueden apoyarlos en su proceso de desarrollo, comprendiendo qué estrategias de adaptación pueden ayudarlos a desarrollar sus talentos.

Diferencias de género

Para las mujeres, ser identificadas como brillantes o talentosas puede generar problemas sociales.[8, 9, 10, 11, 12, 13, 14, 15]

Según Reis, a medida que crecen, muchas comienzan a comprender y a enfrentarse a obstáculos tanto internos como externos.[14] Entre los factores externos se incluyen la escuela, la sociedad y los padres. En el ámbito escolar, las alumnas suelen enfrentarse, a menudo de manera inconsciente, a la elección entre ser inteligentes o ser populares. Dado que las estudiantes con altas capacidades tienden a poseer una mayor capacidad de adaptación, podrían, voluntaria o involuntariamente, optar por «adaptarse» a sus coetáneas con tal de formar parte del grupo.

En el ámbito social, podrían conformarse con estereotipos que aún persisten, como aquellos que se difunden en redes sociales o en ciertos mensajes publicitarios. Estos, en especial durante la pubertad, otorgan mayor importancia al aspecto físico de las chicas que a sus habilidades cognitivas.

En el contexto familiar, cultural y religioso al que pertenecen, las presiones podrían obligarlas a replantearse sus prioridades, llegando incluso a aparentar que sus capacidades son ordinarias o inexistentes. Investigaciones recientes han destacado también la importancia de las actitudes y creencias de los padres hacia sus hijas. Las opiniones de los progenitores son fundamentales para las chicas, y los mensajes, tanto verbales como no verbales, pueden tener un papel de aliento o disuasión durante toda su vida. Reis[14, 16] descubrió que los comentarios negativos de los padres permanecen en la memoria de las mujeres de gran talento y las afectan incluso décadas después de abandonar el hogar familiar.

Según Reis,[16] entre los factores internos más comunes se encuentran: dudas sobre sus propias habilidades y talentos, el sentido del deber, la priorización de las necesidades de los demás por encima de sus propios intereses, las cuestiones religiosas y sociales que las afectan a lo largo de la vida, la falta de planificación, la ocultación de habilidades y diferencias, el perfeccionismo, atribuir el éxito a la suerte en lugar de a su capacidad, malas elecciones de pareja, así como los mensajes familiares ambivalentes sobre su educación y futuro.

Mitos, falsos mitos y prejuicios

Los estudiantes con altas capacidades han estado siempre rodeados de prejuicios e imágenes estereotipadas. Uno de los prejuicios más comunes es que poseer un alto potencial intelectual garantiza el éxito en la escuela, el trabajo y la vida en general. En realidad, estos estudiantes solo podrán desarrollar plenamente su potencial si son identificados a tiempo y si sus trayectorias escolares cuentan con el apoyo adecuado.

Otro prejuicio común es considerar que el estudiante con altas capacidades representa un desafío para el docente o un «problema» para la clase.

> **El alumno con altas capacidades NO
> es un alumno problemático.**

Al final de la introducción (en la página 27), se presentarán de manera sintética los mitos más comunes que ha identificado la literatura especializada.[17, 18]

Educación para estudiantes con altas capacidades y con talento

Aunque no todos los estudiantes lo son, las investigaciones de Renzulli y Reis sugieren que podríamos extender la pedagogía de los programas educativos para estudiantes con altas capacidades a un público más amplio que el 2 % más sobresaliente de la población escolar, con el objetivo de desarrollar los talentos y dones en un porcentaje mucho mayor de estudiantes, siguiendo una perspectiva inclusiva. Estas propuestas, que han dado lugar al Movimiento para el Desarrollo del Talento y el Alto Potencial, no perjudican a los estudiantes con altas capacidades, ya que contemplan claramente la adopción de herramientas y estrategias diseñadas específicamente para ellos.

De hecho, muchas de las mejores prácticas actualmente utilizadas en estos programas podrían contribuir a desarrollar potencialidades aún no detectadas o no aprovechadas en otros estudiantes. Esta visión pone de relieve la validez de esta pedagogía, que puede adaptarse en parte para beneficiar a un número mucho mayor de alumnos. El enfoque inclusivo de este modelo resulta especialmente útil en contextos en los que, debido a la ausencia de un sistema nacional de identificación de las altas capacidades, no conocemos cuántos estudiantes con habilidades superiores a la norma pueden estar presentes en el aula. «Nuestro trabajo con el modelo SEM en las escuelas italianas ha demostrado que muchos estudiantes, además de aquellos identificados formalmente como estudiantes con altas capacidades, se benefician de diversas experiencias escolares de enriqueci-

miento que resultan estimulantes, motivadoras y que contribuyen a desarrollar sus intereses y talentos». Lamentablemente, el acceso a evaluaciones privadas sigue estando reservado a un número limitado de familias. Por ello, para garantizar un servicio equitativo e inclusivo, la adopción de una pedagogía centrada en el desarrollo del talento y el alto potencial en la escuela permitiría reconocer las capacidades de estudiantes que no se han identificado formalmente, esos «diamantes en bruto»[21] aún por descubrir.

Carta de los derechos de los niños con altas capacidades

Un punto de partida fundamental para comprender mejor las necesidades educativas especiales de estos estudiantes es la Carta de los derechos de los niños con altas capacidades [22] que debería ser conocida por todos los adultos que, de alguna manera, contribuyen al crecimiento de una persona.

Tienes derecho a:

- saber que tienes altas capacidades;
- aprender algo nuevo cada día;
- dedicarte a lo que te apasiona sin sentirte culpable;
- tener una identidad más allá de tu talento;
- sentirte orgulloso de tus logros;
- cometer errores;
- tener una guía que te ayude a desarrollar tus habilidades;
- tener diferentes grupos de compañeros y muchos amigos;
- decidir en cuál de tus capacidades deseas profundizar;
- no ser excepcional en todo.

El reconocimiento de la propia identidad comienza con la toma de consciencia de uno mismo, que luego deberá ser validada en el contexto escolar y social.

El alumno con altas capacidades es un recurso para la clase

La adopción de una enseñanza inclusiva orientada al desarrollo del talento y del alto potencial permitiría personalizar los aprendizajes y atender las necesidades educativas de los estudiantes con altas capacidades. Es necesario preguntarse si la aparición de comportamientos «problemáticos» puede deberse a la falta de estímulos adecuados y de una aceptación social, más que a las altas capacidades en sí mismas. La manifestación de dichos comportamientos podría interpretarse como una señal de alarma.

La falta de conocimiento de sus características puede favorecer la cronificación de actitudes poco constructivas, por parte de adultos y compañeros, contribuyendo a crear una imagen distorsionada del estudiante con altas capacidades.

En realidad, si logramos comprenderlos y valorarlos de forma adecuada, estos estudiantes representan un recurso genuino para la clase. Pueden contribuir significativamente a las discusiones, introducir intereses no siempre contemplados en el currículo, elevar positivamente el nivel de exigencia y, como resultado, mejorar el rendimiento académico de todos.

Los estudiantes con altas capacidades son una fuente de riqueza tanto para sí mismos como para la sociedad, y tienen derecho a recibir los estímulos y las oportunidades adecuadas para desarrollar plenamente su potencial, al igual que cualquier otro estudiante.

¿Cómo enseñar a los estudiantes con altas capacidades?

> ### ¿Es necesario tener altas capacidades para enseñarles?

Definitivamente no, pero es importante tener un conocimiento profundo de los contenidos disciplinares y la habilidad para conseguir que las actividades educativas sean significativas para el estudiante, conectando dichos contenidos con sus intereses y vinculándolos con la vida real.

Además, los docentes deben ser respetados por su competencia e integridad, tener una buena capacidad de gestión del aula, una pasión genuina por la enseñanza y una predisposición a explicar conceptos complejos.

Enseñar bien a estos estudiantes no puede depender únicamente del sentido común, la experiencia o la improvisación; es imprescindible profundizar específicamente en el ámbito de los programas de atención a los estudiantes con altas capacidades.

La premisa básica es que cada estudiante con altas capacidades debería asistir a la escuela con entusiasmo y aprender algo nuevo cada día, lo cual no es fácil de garantizar, porque, a menudo, ya conocen las respuestas a muchas de tus preguntas.

Si tuviéramos que representar con una imagen su experiencia escolar, podríamos verla como una rápida ascensión por una escalera mecánica, en lugar de una escalera tradicional donde los estudiantes con altas capacidades se ven obligados con demasiada frecuencia a detenerse en los rellanos y esperar.[23]

Ofrecerles experiencias de aprendizaje desafiantes es muy importante porque «su autoestima aumenta cuando alcanzan objetivos de aprendizaje que creían fuera de su alcance».[24]

El papel de los contextos

Los contextos de desarrollo del estudiante, es decir, la familia, la escuela y la sociedad en su conjunto, desempeñan un papel fundamental en el desarrollo de su potencial. El docente puede y debe actuar como un «cazatalentos», capaz de identificar esos dones, ya sean evidentes o latentes, que cada estudiante posee. Esto es posible también gracias al uso de herramientas diseñadas para los docentes, como las escalas de evaluación, que permiten identificar, de manera objetiva, la presencia de una posible capacidad que haya que comunicar a los padres.

La colaboración con la familia del niño, con el experto que realizó la evaluación y con el especialista en altas capacidades y talento es un elemento clave para garantizar el bienestar del estudiante en la escuela. Para colaborar eficazmente con los padres y el alumno, es esencial que demuestres competencia en el tema: estudia bien las características de los estudiantes con este perfil y, al mismo tiempo, procura comprender las particularidades del niño que tienes delante.

En general, estos estudiantes valoran a los docentes competentes y autoritarios (en el buen sentido), pero también innovadores y carismáticos, capaces de personalizar el currículo tanto en contenidos como en métodos de enseñanza y resultados de aprendizaje, y dispuestos a modificar incluso la organización del espacio en el aula. Esto incluye, cuando sea útil, la creación de grupos de trabajo diferenciados según habilidades, velocidad y ritmos de aprendizaje.

Para ello, es útil contar con un inventario de los intereses del estudiante. El modelo SEM dispone de varias herramientas para identificar los intereses de los alumnos, incluyendo un cuestionario dirigido a los padres, donde pueden detallar los intereses, pasiones y aficiones que su hijo muestra en casa, así como las actividades extracurriculares y deportivas que le gusta hacer. Conocer en profundidad todos estos datos puede ser decisivo para diseñar actividades que lo estimulen cognitivamente en áreas significativas para él. Dewey destacó el importante papel que los intereses juegan en todas las formas y niveles de aprendizaje, reconociendo la relevancia de las tareas de alto interés en este proceso. Según Dewey, el talento surge del desarrollo de los intereses.[25]

El hecho de conocer las pasiones y aficiones del estudiante también permite mantenerlo «conectado» con la escuela y prevenir el bajo rendimiento académico.

La estructura del libro

El libro está dividido en 15 capítulos, agrupados en dos áreas principales.

● NECESIDADES COGNITIVAS

1. Se aburre.
2. Habla y molesta.

3. No para de moverse y pide permiso para salir.
4. Juega durante la clase.
5. Interrumpe la clase con preguntas y no respeta su turno.
6. Lo discute todo (reglas, opiniones, decisiones).
7. No hace los deberes.
8. No le gusta trabajar en grupo.
9. Los resultados académicos no reflejan su potencial.

● NECESIDADES SOCIOEMOCIONALES

10. Le cuesta integrarse en el grupo de coetáneos.
11. Presenta un desarrollo asincrónico.
12. Es perfeccionista y corre el riesgo de quemarse.
13. Es sobreexcitable y muestra una sensibilidad e intensidad elevadas.
14. Le cuesta autorregularse.
15. Presenta síntomas depresivos.

En el volumen se analizan las necesidades que se observan en los estudiantes con altas capacidades en la etapa de la Educación Secundaria Obligatoria (ESO), aunque estas también pueden encontrarse en alumnos de Primaria y de Bachillerato (e incluso más allá). Dado que las escuelas agrupan a los estudiantes según su edad cronológica en lugar de su edad mental, los estudiantes con altas capacidades se enfrentan a situaciones que no satisfacen ni sus necesidades intelectuales ni sociales.[26]

Cada capítulo comienza explicando brevemente el motivo del comportamiento en cuestión (**«¿Por qué se comporta así?»**). A continuación, se ofrecen indicaciones simples y claras para el docente sobre los comportamientos y estrategias a adoptar (**«Qué hacer»**) y las actitudes que conviene evitar (**«Qué no hacer»**). Finalmente, se proporcionan herramientas y estrategias para abordar aspectos cruciales. Al final de cada capítulo, se incluyen **«Los consejos del experto»**, con sugerencias prácticas para aplicar de inmediato.

La estructuración de las actividades

Al presentar tareas a estudiantes con altas capacidades, las instrucciones pueden resultar, en general, intuitivas. Sin embargo, debido a su tendencia a la distracción y, en ocasiones, a su desorganización, puede ser útil ofrecer indicaciones explícitas y precisas.

Las unidades de trabajo deben estar siempre adaptadas a las habilidades del estudiante. No propongas tareas demasiado simples que supongan un menosprecio de su potencial, pero evita también las actividades que estén fuera de su alcance.

Los estudiantes con altas capacidades disfrutan de los desafíos y de la resolución de problemas, preferiblemente relacionados con el mundo real. No obstante, como suelen abordar el estudio sin esfuerzo, no están acostumbrados a «hacer sacrificios» ni a trabajar duro para cumplir objetivos u obtener buenas calificaciones. Como contrapartida, no adquieren de manera gradual un método de estudio y de trabajo, lo que hace que lleguen al Bachillerato sin haber tenido que abrir un libro.

Sus altas capacidades y excelente memoria les permiten aprender simplemente escuchando las lecciones, a veces incluso de manera distraída, y adquirir los conocimientos necesarios para realizar tanto las tareas de clase como las de casa (si es que las hacen). Recuerda que los estudiantes con altas capacidades suelen realizar tareas que consideran significativas, no por un simple sentido del deber. En este contexto, los informes de conducta y los castigos no son efectivos; al contrario, esperan que expliques y justifiques tus decisiones, ya que tienden a relacionarse contigo en un nivel de igualdad.

Negarte a compartir tus motivos puede generar actitudes conflictivas que derivarán en discusiones interminables. Si es posible, organiza un espacio en el aula donde puedan realizar actividades diferenciadas. En contextos internacionales, muchas escuelas cuentan con salas de recursos, donde un especialista en programas de enriquecimiento proporciona al estudiante todos los recursos y la orientación necesaria para realizar actividades avanzadas y personalizadas.

El seguimiento

Observa la actitud del estudiante en clase e identifica comportamientos que indiquen aburrimiento o frustración durante la lección o a lo largo de la jornada escolar. Por ejemplo, si mira por la ventana, intenta hablar con él con interés sincero y dile: «He notado que a veces pareces distraído, ¿estás aburrido o simplemente piensas en otras cosas? ¿Te gustaría compartir tus pensamientos conmigo?».

Después de observar este comportamiento durante al menos una semana, comienza a implementar estrategias de diferenciación curricular, que abordaremos en el próximo apartado («¿Cómo lo hacemos?»), o aplica otras estrategias personalizadas que consideres eficaces.

Según el Davidson Institute,[27] una discrepancia entre las necesidades educativas del estudiante y un entorno escolar que percibe como repetitivo, poco gratificante, carente de autonomía, injusto, o no alineado con sus valores, puede provocar que los estudiantes con altas capacidades se sientan quemados (véase el capítulo 12, «Es perfeccionista y corre el riesgo de quemarse»).

¿Cómo lo hacemos?

Para implicar a un estudiante con altas capacidades en las actividades educativas, es fundamental estimular su desarrollo cognitivo, emocional y físico mediante métodos de aprendizaje activos. Como ya se ha señalado, su motivación aumenta cuando considera que la tarea es significativa y auténtica. Por ello, la propuesta educativa debe dejar claro el objetivo de adquirir una competencia determinada y, al mismo tiempo, destacar su utilidad y aplicabilidad a contextos reales y complejos. El docente debe crear las condiciones ideales que les permita llevar a cabo una actividad de investigación utilizando un método de trabajo independiente y exploratorio en un entorno protegido, donde no haya respuestas predefinidas ni soluciones correctas o incorrectas.

Además, hay que asumir que los estudiantes con altas capacidades necesitan menos tiempo que sus compañeros para consolidar sus aprendizajes, por lo que se pueden eliminar las repeticiones constantes de conceptos ya ampliamente aprendidos. Si la clase resulta aburrida porque ya conocen los contenidos o los aprenden tras una simple explicación, resulta inútil y contraproducente obligarlos a practicar en casa. Sería mucho más productivo pedirles que utilicen los nuevos conocimientos adquiridos para crear ideas originales o establecer relaciones interdisciplinarias con otros conocimientos, tanto curriculares como extracurriculares.

¿Hacia dónde hay que dirigir la mirada?

En relación con este tema, es imprescindible estudiar y observar las investigaciones y experiencias internacionales, profundizando en los diversos enfoques que han caracterizado los programas de atención a los estudiantes con altas capacidades en otros países, y en particular, las diferentes estrategias didácticas utilizadas en los Estados Unidos durante los últimos cuarenta años.[28] La historia de la Gifted and Talented Education se ha caracterizado por tres corrientes de pensamiento que han definido los principales enfoques de enseñanza y aprendizaje: diferenciación, aceleración y enriquecimiento.[29]

- **Diferenciación**, cuya finalidad es «incrementar el potencial de aprendizaje de cada estudiante».[30]
- **Aceleración**, que permite a los estudiantes progresar más rápidamente en su trayectoria escolar para aprender a un nivel que se adapte mejor a sus capacidades y necesidades académicas, en lugar de a su edad cronológica.
- **Enriquecimiento**, que ofrece experiencias educativas más ricas y variadas, ampliando el currículo escolar para hacerlo más profundo y amplio.

La visión dicotómica entre aceleración y enriquecimiento ha dado lugar a interesantes líneas de investigación científica en el ámbito internacional. A lo largo de los años, la contraposición entre ambos enfoques ha alimentado un intenso debate dentro de este campo de investigación. Existe un consenso prácticamente unánime de que los programas educativos para los estudiantes con altas capacidades, y no solo para ellos, deberían ofrecer oportunidades tanto de enrique-cimiento como de aceleración. Un análisis de las principales corrientes de pensamiento que han caracterizado la historia de la educación de alumnos con altas capacidades y talentosos en Estados Unidos en los últimos cuarenta años sugiere que estos enfoques también deberían ser puestos en práctica en otros países.[28]

Además de estas tres perspectivas, hay ciertas estrategias que resultan útiles para atender las necesidades educativas especiales de estos estudiantes.

- **Compactación:** compactar el currículo ayuda a los estudiantes con altas capacidades y alto rendimiento a eliminar repeticiones innecesarias de contenidos ya aprendidos para sustituirlas por actividades avanzadas, preferiblemente en ámbitos no tratados en el currículo general. La herramienta más común para la compactación del currículo es el compactador,[20] diseñado específicamente para realizar ajustes curriculares adecuados en cualquier área o nivel educativo. En el Modelo de Enriquecimiento Escolar (SEM),[20] la compactación del currículo permite acelerar, enriquecer y diferenciar el currículo escolar, garantizando tiempo para trabajos más desafiantes e interesantes.

- **Andamiaje:** en el ámbito educativo, el término «andamiaje», utilizado por primera vez en el ámbito psicológico por Bruner, Wood y Ross,[31] hace referencia a un conjunto de estrategias de apoyo empleadas por el docente o un experto para facilitar el proceso de aprendizaje de un estudiante. Estas estrategias ayudan al alumno a enfrentarse a una tarea, resolver un problema o alcanzar un objetivo que no lograría sin el apoyo adecuado, promoviendo progresivamente su autonomía en los caminos del conocimiento. En el ámbito de la educación para los estudiantes con altas capacidades, el andamiaje se manifiesta en forma de tutoría o acompañamiento educativo y requiere una supervisión constante para garantizar que sea adecuada y responda a las necesidades reales y al nivel de competencia alcanzado por el estudiante.

Para comprender cabalmente este término es necesario introducir el concepto de «zona de desarrollo próximo», teorizado por Vygotski, quien lo define como:

la distancia entre el nivel de desarrollo efectivo, determinado por la resolución autónoma de problemas, y el nivel de desarrollo potencial, determinado a través de la resolución de problemas bajo la guía de un adulto.[32]

Vygotski distingue dos áreas en el desarrollo individual de un sujeto:

1. Área efectiva de desarrollo: se refiere a las competencias adquiridas de manera efectiva en un momento dado del desarrollo cognitivo de una persona.
2. Área potencial de desarrollo: se refiere a las competencias que pueden adquirirse en un futuro cercano o que podrían alcanzarse con la ayuda de una persona experta.

La actividad didáctica debe situarse entre el área efectiva y el área potencial, que es lo que se denomina «zona de desarrollo próximo». Esta zona representa, por tanto, la distancia entre el nivel de desarrollo efectivo y el potencial. El andamiaje de Bruner y la zona de desarrollo próximo de Vygotski son complementarios: el docente actúa como una «estructura de apoyo» (andamiaje) proporcionando las herramientas necesarias para que el estudiante alcance los objetivos de aprendizaje. Mientras cuenta con el apoyo de esta mediación, el estudiante opera a un nivel ligeramente superior a los límites de su área de desarrollo (zona de desarrollo próximo). El apoyo del docente en esta zona se denomina precisamente «andamiaje».

Tutoría

Vygotski sostiene que un niño puede aumentar sus conocimientos gracias a la interacción con un adulto competente dentro de la zona de desarrollo próximo. De hecho, una de las experiencias más valiosas que un estudiante con altas capacidades puede tener es contar con un mentor que comparta con él un interés particular, habilidades y competencias, pero que, al mismo tiempo, le ofrezca estímulo, inspiración y confianza en sí mismo, contribuyendo a incrementar su autoestima. Además, durante los años de crecimiento, los jóvenes con altas capacidades descubren que tienen múltiples intereses, lo que podría dificultarles la elección de un camino universitario y profesional. La posibilidad de pasar tiempo con expertos les ayuda a identificar trayectorias de estudio y carrera más definidas, ya que, en ocasiones, parecen no ser capaces de establecer prioridades o fijar metas a largo plazo. Dado que con frecuencia consideran que la escuela es aburrida e irrelevante, relacionarse con personas que les proporcionan experiencias del mundo real puede motivarles para concentrarse y alcanzar objetivos ambiciosos. El mentor, por tanto, actúa como un modelo a seguir, ya que da ejemplo y ayuda al estudiante a desarrollar una visión de lo que puede llegar a ser.

Es interesante destacar que la investigación y los estudios de casos sobre mentores y tutorías evidencian sus efectos positivos, que se reflejan en el avance profesional, especialmente en el caso de las chicas con altas capacidades que han contado con la guía de un mentor.[33]

Tutoría entre iguales: ¿un recurso?

El uso de la tutoría entre iguales parece tener muchas ventajas:

- Mantiene ocupado al estudiante con altas capacidades cuando completa la tarea antes que sus compañeros.
- Permite que ayude a un compañero que tiene dificultades para que comprenda los conceptos presentados, utilizando una terminología y un enfoque más sencillo.
- Incrementa las habilidades socio-relacionales del estudiante con altas capacidades.

Sin embargo, este enfoque no satisface muchas de las expectativas que los estudiantes con altas capacidades tienen respecto a la escuela, por una serie de razones:

- El estudiante con altas capacidades tiene derecho a aprender algo nuevo; en cambio, se ve obligado a repetir conceptos que ya ha entendido ampliamente.
- A menudo, estos estudiantes no saben explicar cómo han llevado a cabo una tarea. Si se les pide simplificar los conceptos o desglosar

los procesos de su razonamiento intuitivo para que sean comprensibles, experimentan una sensación de molestia y frustración.

- El compañero que tiene dificultades podría sentirse intimidado por la facilidad con la que el estudiante con altas capacidades comprende conceptos o procesos que a él le resultan complicados.

- Este enfoque no fomenta necesariamente las relaciones entre iguales, ya que existe la posibilidad de que al estudiante con altas capacidades no le resulte interesante relacionarse con alguien que tiene un modo de funcionar tan diferente, y podría no entender por qué al compañero le resulta tan difícil lo que a él le parece obvio. Además, el estudiante con problemas podría sentirse incómodo al recibir explicaciones de un compañero para quien todo parece ser más sencillo.

Por ello, se recomienda no recurrir a esta forma de tutoría entre iguales, salvo de manera esporádica y ocasional.

FALSOS MITOS, PREJUICIOS
y altas capacidades

1 **Todos los niños tienen altas capacidades.**

Todos los estudiantes tienen puntos fuertes, pero no todos tienen altas capacidades. Esta etiqueta en el contexto escolar indica que, en comparación con sus compañeros, un estudiante tiene habilidades avanzadas para aprender y aplicar lo aprendido en uno o más ámbitos.

Estas habilidades avanzadas requieren una modificación del currículo estándar para garantizar que estos estudiantes se enfrenten a un desafío constante y aprendan algo nuevo cada día.

2 **Los estudiantes con altas capacidades son un grupo homogéneo con características psicológicas y de personalidad iguales.**

Estos estudiantes son diversos entre sí y, por lo tanto, no es posible aplicar un enfoque único para abordar sus necesidades.

3 **Los estudiantes con altas capacidades obtienen siempre buenas calificaciones y tienen éxito en todo lo que hacen.**

Los estudiantes con altas capacidades pueden obtener resultados inferiores a las expectativas debido a la falta de motivación, de apoyo social y emocional, de hábito para esforzarse, de interés y de actividades que supongan un desafío.

Además, rara vez obtienen las calificaciones más altas en todas las asignaturas, ya que suelen tener un área de excelencia (científico-matemática, artística, etc.), mientras que en otras materias curriculares pueden presentar un rendimiento dentro de la media.

4 **A los estudiantes con altas capacidades les encanta la escuela y acuden cada día con entusiasmo.**

Los estudiantes con altas capacidades suelen experimentar aburrimiento y frustración en clase.

Su ritmo de aprendizaje puede ser tan rápido en comparación con el de sus compañeros que, hipotéticamente, podrían alcanzar los objetivos de aprendizaje previstos para su nivel educativo en un tercio del tiempo (por ejemplo, de septiembre a diciembre), y pasar el resto de meses del curso aburridos, desilusionados con la escuela y los docentes, y llegando a desarrollar rechazo escolar.

5 **Los estudiantes con altas capacidades se esfuerzan por alcanzar sus metas.**

Los estudiantes con altas capacidades se enfrentan a diario a experiencias de aprendizaje poco estimulantes, lo que les impide desarrollar la capacidad de esfuerzo, comprender el valor del trabajo duro, y fortalecer su motivación.

Pasan gran parte de la educación primaria y secundaria obligatoria sin necesidad de esforzarse de verdad y, cuando finalmente se enfrentan a un desafío, algunos experimentan una pérdida de confianza en sus habilidades y su rendimiento.[19]

6 **Enseñar a los estudiantes con altas capacidades es más fácil.**

Enseñar a estos estudiantes no es ni más fácil ni más difícil que enseñar a otros; lo que marca la diferencia es la formación de los docentes en altas capacidades.

Al igual que todos los estudiantes, los con altas capacidades necesitan experiencias de aprendizaje ricas.

Por lo tanto, resulta difícil, si no imposible, desarrollar plenamente sus dones y talentos sin un currículo apropiado.

7 **Los estudiantes con altas capacidades no necesitan ayuda de los docentes ni servicios educativos especializados.**

Al igual que todos los estudiantes, necesitan y tienen derecho a contar con docentes competentes y motivados que los estimulen y apoyen para desarrollar plenamente sus habilidades.

Requieren iniciativas y propuestas didácticas específicas para su perfil, así como que los docentes reciban una formación adecuada.

8 **Todos los estudiantes con altas capacidades tendrán éxito en la vida.**

La alta capacidad no garantiza el éxito, ni en el ámbito académico ni en el laboral.

Estos estudiantes necesitan recibir estímulos y recursos adecuados para desarrollar plenamente sus talentos y dones.

9 Los estudiantes con altas capacidades y talento deberían ayudar a los demás.

A menudo, los docentes consideran que una buena estrategia con los estudiantes con altas capacidades es la tutoría entre iguales.

El uso de esta estrategia puede parecer que tiene muchas ventajas, pero, en realidad, esconde muchos inconvenientes para el estudiante con altas capacidades (ver el apartado «Tutoría entre iguales»).

10 Un estudiante con un trastorno del aprendizaje no puede tener altas capacidades.

Algunos estudiantes con altas capacidades también pueden tener dificultades de aprendizaje o de otro tipo.

Estos estudiantes, denominados doblemente excepcionales, suelen pasar desapercibidos porque su discapacidad y sus dones se enmascaran mutuamente, lo que hace que parezcan estudiantes «promedio». En este caso, no solo existe el riesgo de un diagnóstico erróneo, sino también de la falta de diagnóstico.

11 Las altas capacidades de los estudiantes se deben a los padres.

Algunas personas sostienen que los estudiantes de este perfil son producto de padres muy exigentes que los sobreestimulan, privándolos de una infancia «normal».

Esta visión ignora la naturaleza misma de las altas capacidades y resulta infundada.

Sin embargo, es común que los padres de estos estudiantes se vean obligados a insistir continuamente para que la escuela se adapte a las necesidades educativas especiales de sus hijos.

Necesidades COGNITIVAS

CAPÍTULO. 1 SE ABURRE

Porque el ritmo de la lección es demasiado lento.

Porque ya conoce las respuestas.

Porque necesita estímulos cualitativamente diferentes.

QUÉ HACER

✓ Verifica si escucha incluso cuando parece absorto en sus pensamientos.

✓ Capta su atención con preguntas pertinentes.

✓ Aumenta el nivel de dificultad.

✓ Ofrécele la posibilidad de participar en grupos de enriquecimiento.[1,2]

QUÉ NO HACER

✗ NO lo desafíes con frases como: «Tú que siempre lo sabes todo...».

✗ NO lo reprendas cuando esté distraído.

✗ NO pierdas la paciencia.

✗ NO lo juzgues de manera superficial.

Qué conviene tener en cuenta

En general, los estudiantes con altas capacidades suelen destacar en un área disciplinar específica (no necesariamente son buenos en todo). Sin embargo, pueden obtener excelentes resultados académicos en las demás materias sin realizar ningún esfuerzo. A menudo, se ven obligados a trabajar en contenidos que ya conocen.[3] Además, adquieren rápidamente los conocimientos escolares que se les presentan porque poseen:

- una facilidad y rapidez de aprendizaje avanzadas;
- mayores habilidades de comprensión y a niveles más profundos gracias al uso de la lógica;
- una excelente capacidad para la resolución de problemas e intuición;
- una memoria muy desarrollada.

También tienen un vocabulario extenso con el que abordan sus múltiples y variados intereses.

Debido a su rapidez de pensamiento,[4] suelen terminar las tareas de clase antes que sus compañeros y, mientras esperan, se aburren porque su ritmo de aprendizaje es mucho más rápido que el de sus iguales. Las clases les resultan aburridas, lentas y repetitivas.

Por tanto, el principal enemigo de su experiencia educativa es el aburrimiento. Lo experimentan a diario y, cuando no lo toleran más, tienden a comunicarlo de diferentes maneras: en el mejor de los

casos, desconectando o distrayéndose; en otros, moviéndose constantemente o interviniendo ya sea de forma oportuna o fuera de lugar. Su distracción es un indicador que no debe subestimarse.

Las estrategias que usan para escapar de la monotonía son innumerables. Algunas son evidentes y afectan la dinámica del aula; otras son más sutiles, guiadas por sus intereses profundos o incluso por elementos de distracción fortuitos.

Para combatir el aburrimiento, pueden recurrir a su rica imaginación, creando mundos y personajes imaginarios y soñando despiertos, lo cual suele dificultar que se mantengan centrados en las actividades escolares.

Cómo intervenir

Los estudiantes con altas capacidades necesitan experiencias de aprendizaje atractivas y estimulantes, basadas en sus intereses o diseñadas para despertar otros nuevos, preferiblemente en ámbitos no exclusivamente curriculares.

- Intenta ponerte en la piel de un estudiante con altas capacidades que tiene grandes expectativas de aprender algo interesante y se enfrenta a una clase en la que todo parece «más de lo mismo». Pregúntate si ya domina el tema. Podrías realizar una actividad de lluvia de ideas al inicio de la clase para evaluar qué sabe del contenido. Si ya lo domina, valora la posibilidad de ajustar el currículo y reemplazar los contenidos que ya maneja por actividades personalizadas que tengan en cuenta sus intereses.
- Diseña las lecciones evitando repeticiones excesivas y tiempos muertos, utilizando referencias constantes a la vida real y a la actualidad, y, sobre todo, sé creativo. ¿Tus explicaciones son lo bastante estimulantes e interactivas? ¿Te consideras aburrido?

- Al presentar un nuevo tema o explicar una regla, incluye ejemplos de la vida cotidiana, anécdotas o citas de artículos que hagan los contenidos más relevantes y emocionantes.
- Para combatir el aburrimiento, valora la posibilidad de enriquecer la experiencia escolar mediante la implementación de **grupos de enriquecimiento** (consulta el apartado de profundización).

> *El problema no son las altas capacidades,*
> *sino la falta de estímulos adecuados.*

El pacto educativo

Trabaja junto con los padres para conocer los intereses del estudiante y utilízalos para diseñar actividades que lo motiven y lo involucren. Los padres pueden señalar que hay ciertos intereses capaces de absorber de tal forma al estudiante que pierde la noción del tiempo, experimentando lo que se conoce como *flow* o «flujo».[5]

El *flow* es una experiencia de aprendizaje óptima en la que la persona se sumerge completamente en una actividad. Esta condición se caracteriza por una absoluta implicación del individuo: concentración en el objetivo, motivación intrínseca, una actitud positiva y satisfacción al realizar una tarea concreta.

Reflexiona sobre cuántas de tus lecciones curriculares están diseñadas para generar estas condiciones óptimas que faciliten el estado de absorción creativa en el que un estudiante con altas capacidades pueda sumergirse durante el horario escolar.

Es posible que los intereses del estudiante sean tan específicos que no estén contemplados en el currículo escolar. Sin embargo, estas pasiones pueden ser tan profundas que lo lleven a niveles de competencia sorprendentes para su edad. En estos casos, es fundamental contar con materiales adecuados y un mentor o tutor con conocimientos avanzados en el área. Aun así, no es raro que estas pasiones desaparezcan repentinamente una vez que el estudiante ha alcanzado el nivel de conocimiento que satisface su curiosidad.

Los consejos del experto

Si se encauza correctamente, la curiosidad de un estudiante con altas capacidades puede dar lugar a discusiones estimulantes y fomentar una competencia saludable entre los compañeros. Esto puede conducir a que sus iguales reconozcan sus habilidades de liderazgo empático y constructivo en un entorno de apoyo donde sus altas capacidades sean comprendidas, valoradas y apreciadas.

Videojuegos y gamificación

Los estudiantes con altas capacidades suelen experimentar una sensación cotidiana de lentitud tanto en el desarrollo de las clases curriculares como en las relaciones con sus compañeros. Con frecuencia recurren a los videojuegos para escapar de esta sensación de aburrimiento y frustración, ya que estos les ofrecen estímulos desafiantes y niveles de dificultad progresivos. Estos niveles no están determinados por el ritmo de aprendizaje escolar de sus compañeros ni por las exigencias del docente, sino por sus propias habilidades. Además, su esfuerzo y capacidad para resolver problemas se ven recompensados de inmediato, permitiéndoles acceder a niveles de juego aún más estimulantes, lo que les proporciona una gratificación instantánea y refuerza su autoestima. Asimismo, en los videojuegos multijugador online, los estudiantes con altas capacidades pueden establecer auténticas amistades con jóvenes de todo el mundo que comparten intereses y habilidades similares en el juego, independientemente de su edad. Con ellos forman «alianzas» reales o colaboraciones para «hacer equipo» y lograr victorias juntos.

A pesar de estos aspectos positivos, un uso excesivo de videojuegos puede convertirse en un arma de doble filo, exacerbando las diferencias de «reacción» respecto al entorno escolar o las relaciones sociales, que a menudo resultan más lentas en comparación con la velocidad interactiva de los videojuegos.

En el ámbito educativo, el valor pedagógico de los videojuegos constituye la base de gamificación, empleada con fines didácticos para transmitir contenidos, competencias y habilidades de manera innovadora e interactiva. En particular, el aprendizaje basado en videojuegos implica a los estudiantes con altas capacidades, brindándoles la oportunidad de tomar decisiones sobre su propio ritmo de aprendizaje. Esto les permite asumir riesgos en un entorno protegido, donde existen objetivos claros, retroalimentación constante y un alto grado de interacción.

PARA PROFUNDIZAR:
los grupos de enriquecimiento

Una metodología interesante para adaptar el tiempo escolar a los intereses emergentes de los estudiantes son los grupos de enriquecimiento, propuestos por Renzulli y Reis.[1,2] Estos grupos heterogéneos están formados por estudiantes de distintas clases que comparten los mismos intereses y se reúnen durante horarios específicos designados dentro del horario escolar. En estas reuniones trabajan con un adulto o mentor que comparte su pasión y posee un conocimiento avanzado y experiencia en la materia. Los estudiantes de los grupos de enriquecimiento suelen reunirse semanalmente durante un periodo que puede variar entre tres meses y uno o más años. La motivación principal para participar radica en el interés personal y en el deseo tanto de los estudiantes como de los docentes de formar parte de esta iniciativa.

En los grupos de enriquecimiento no hay una lección planificada; los propios estudiantes se encargan de seleccionar los proyectos, hay un mentor que se encarga de guiar las actividades y el objetivo se centra en la creación de un producto o servicio que tenga un impacto real en un público específico.

Las preguntas clave que regulan las actividades de los grupos son:

1. ¿Qué hacen las personas interesadas en esta área de estudio?
2. ¿Qué tipo de productos o servicios ofrecen?
3. ¿Qué métodos utilizan para crear sus productos?
4. ¿Qué recursos y materiales necesitan?
5. ¿Cómo y a quién comunican los resultados de su trabajo?
6. ¿Cómo logran tener un impacto positivo en su público objetivo?

② HABLA

y molesta

¿POR QUÉ SE COMPORTA ASÍ?

Porque se aburre.

Porque quiere llamar la atención con argumentos insólitos.

Porque recurre a su sentido del humor para ser aceptado por el grupo.

QUÉ HACER

✓ Trata de captar su atención con la mirada o mediante preguntas que profundicen en el tema.

✓ Involúcralo activamente.

✓ Eleva el nivel de competencia de la lección.

QUÉ NO HACER

✗ NO exijas un silencio absoluto.

✗ NO lo ignores.

✗ NO lo sientes cerca de compañeros inquietos.

✗ NO lo sientes en la última fila.

Qué conviene tener en cuenta

Los estudiantes con altas capacidades son un valor añadido para la clase. Tienen una excelente capacidad dialéctica, un vocabulario extraordinariamente rico y una habilidad para debatir que puede alcanzar niveles de abstracción y profundidad poco comunes entre sus coetáneos. Por lo general, si están bien adaptados, son sociables, alegres y, a veces, habladores.

Su dificultad para contenerse al hablar se debe a que tienen muchas cosas que decir sobre infinidad de temas. Sus pensamientos son tan urgentes y su deseo de compartirlos tan apremiante que les resulta complicado encontrar un motivo para guardar silencio.

Con frecuencia recurren a su sentido del humor para divertir a sus compañeros con comentarios irónicos que no siempre son comprendidos. Les encanta sorprender y, en ocasiones, incluso descolocar al docente con su agudeza.

Estas estrategias les sirven para añadir un toque de dinamismo a la lección, enfrentándose a su mayor enemigo en la escuela: el aburrimiento.

→ ¡Confía en ellos! A veces puede ser difícil encontrar una buena razón para limitar sus intervenciones, ya que suelen enriquecer la lección, aunque no siempre los hayas invitado a participar.

→ Recuerda: Un estudiante con altas capacidades es como un río desbordante que desea compartir su vasto caudal de información. Si se le valora adecuadamente, puede aportar anécdotas, detalles y opiniones muy interesantes que enriquecerán la clase.

Cómo intervenir

● Inicia las actividades con una lluvia de ideas para entender cuánto sabe sobre el tema antes de empezar el trabajo. Esto le permitirá mostrar todas sus competencias y satisfacer su necesidad de compartir. Ten en cuenta que existe el riesgo de que se convierta en un monólogo, ya que podría sorprenderte la cantidad de información que ya ha recopilado y asimilado.

- Utiliza una <u>didáctica activa</u> como los «retos de la realidad» para involucrarlos. Estos estudiantes abordan problemas complejos y se sienten estimulados al buscar soluciones viables, realizar investigaciones independientes y proponer alternativas.

- Concluye las actividades con un momento de reflexión, para transformar la experiencia de aprendizaje y favorecer la consolidación de los conocimientos adquiridos: un espacio para reflexionar, reconstruir y analizar la experiencia realizada (debate colectivo, exploración retrospectiva, identificación de puntos clave o problemáticos, explicitación de los aprendizajes).

Los consejos del experto

La agilidad mental del estudiante con altas capacidades puede, en algunos casos, traducirse en un exceso de verbalización que puede <u>intimidar a algunos compañeros y poner nervioso al docente</u>. Para evitarlo, crea momentos en los que le plantees preguntas abiertas: esta actividad adicional lo mantendrá ocupado mientras los demás estudiantes completan las tareas asignadas.

Paradójicamente, algunos pueden pasar de la necesidad de ser el centro de atención al deseo de aislarse, y este comportamiento podría indicar una hipersensibilidad que les impide, por ejemplo, trabajar en ambientes ruidosos (véase el capítulo 13).

3 NO PARA DE MOVERSE
y pide permiso para salir

¿POR QUÉ SE COMPORTA ASÍ?

Porque no tiene estímulos cognitivos adecuados y transforma su insatisfacción mental en energía física.

Porque tiene la habilidad de hacer varias cosas al mismo tiempo con agilidad.

Porque se aburre profundamente.

QUÉ HACER

✓ Asígnale tareas que le permitan moverse y salir físicamente de la clase.

✓ Ten paciencia.

✓ Establece acuerdos con él para que pueda levantarse sin molestar a los compañeros.

QUÉ NO HACER

✗ NO exijas que permanezca sentado y quieto.

✗ NO le pongas amonestaciones.

✗ NO lo regañes.

Qué conviene tener en cuenta

La necesidad de moverse no debe confundirse con mala educación o desobediencia, ya que es una necesidad física del alumno con altas capacidades para liberar una energía que no se ha liberado de otro modo.

Cuando la actividad es estimulante desde un punto de vista cognitivo, no tiene dificultad para permanecer sentado; sin embargo, si no le estimula lo suficiente, moverse es el antídoto natural contra la frustración.

En el caso de un estudiante que no se ha identificado formalmente como poseedor de altas capacidades, a menudo su necesidad de moverse se confunde con la inquietud motriz típica de estudiantes con trastorno por déficit de atención e hiperactividad (TDAH).

Un modo empírico, aunque bastante válido, para distinguir estas dos situaciones es observar si es capaz de mantener la atención durante mucho tiempo en una actividad que le apasiona o si, por el contrario, su tiempo de atención se reduce incluso cuando la actividad es interesante. En el caso del estudiante con altas capacidades, la necesidad de moverse surge del aburrimiento y no de la hiperactividad.

Cómo intervenir

Adelántate a su inquietud asignándole tareas útiles que le permitan levantarse de la silla, como salir del aula para realizar una actividad concreta.

Su inquietud no debe perturbar a los demás; por lo tanto, permite que se mueva sin hacer ruido y sin molestar.

Los consejos del experto

Prohibirle que se levante no reducirá su deseo de buscar cualquier pretexto para moverse. Intenta canalizar su inquietud asignándole tareas útiles (comprobar el funcionamiento de la pizarra digital, hacer fotocopias en secretaría, etc.), siempre que las realice respetando el correcto funcionamiento de la clase y no incordie a sus compañeros.

Si los padres están de acuerdo en implementar pequeños ajustes para facilitar su permanencia en el aula, valora la posibilidad de que la familia adquiera un taburete ergonómico que le permita una mayor variedad de movimientos. Esta opción favorece una postura activa y dinámica tanto en posición sentada como semierguida, lo que mejora los niveles de energía y la concentración.

④ JUEGA
durante la clase

¿POR QUÉ SE COMPORTA ASÍ?

Porque las respuestas le parecen tan obvias que le resulta imposible esperar.

Porque los turnos están basados en el ritmo de los demás y no en la rapidez de su respuesta al estímulo.

Porque siente la urgencia de compartir sus conocimientos.

Porque quiere captar la atención del docente.

QUÉ HACER

✓ Evita hacer preguntas genéricas a la clase; dirígete directamente a cada estudiante llamándolo por su nombre.

✓ Utiliza el debate, creando, por ejemplo, dos grupos con posturas opuestas.

QUÉ NO HACER

✗ NO lo consideres un prepotente; tan solo siente la necesidad de expresarse.

✗ NO lo regañes si no levanta la mano.

Qué conviene tener en cuenta

Los estudiantes con altas capacidades son como coches de Fórmula 1 que se ven obligados a circular la mayor parte del tiempo por calles congestionadas donde deben respetar límites de 50 km/h. Si obligamos continuamente a estas potentes máquinas a frenar y reducir su velocidad, se corre el riesgo de que bajen de rendimiento, ya que, en realidad, desearían correr en circuitos de alta velocidad. Por ello, las filas, la lentitud y las esperas suelen provocarles frustración y alimentan la sensación de estar perdiendo el tiempo de manera innecesaria.

En la escuela, esta incomodidad se manifiesta sobre todo en el aula, cuando el deseo de expresar lo que saben les impide levantar la mano y esperar a que les den la palabra. A menudo, son los primeros en responder sin respetar su turno en los debates de clase. Además, tienden a monopolizar la conversación aportando una multitud de informaciones sorprendentemente pertinentes, adquiridas de un modo que no siempre resulta evidente para los demás.

Cómo intervenir

Respetar el turno de palabra es una habilidad social que no se limita al ámbito escolar, por lo que comprender su importancia resulta útil también para la vida adulta. Sin embargo, desde su perspectiva, el mundo avanza con demasiada lentitud. Si inten-

tamos imaginar cuánta incomodidad puede generar esta sensación, entenderemos mejor su comportamiento.

Ayúdales a comprender que respetar a los demás también implica saber escuchar. Presenta ejemplos de estadistas o figuras históricas que tenían el hábito de escuchar a las personas antes de actuar. Explícales que esta capacidad les permitió tomar decisiones importantes después de dar voz a quienes menos la tenían y cómo les ayudó a desarrollar un liderazgo más efectivo.

Los consejos del experto

A veces, el ritmo que empleas como docente para explicar un tema, avanzando paso a paso, puede parecerles demasiado lento. Podrían percibir una «falsa» progresión en el razonamiento, ya que para ellos resulta evidente y banal. Esto les lleva a desear profundizar en niveles más avanzados de discusión o progresar a una velocidad mayor.

Como ya hemos señalado, los estudiantes con altas capacidades necesitan experiencias de aprendizaje que sean atractivas y estimulantes, basadas en sus intereses o diseñadas para despertar otros nuevos que les permitan desplegar plenamente su potencial. Requieren contenidos relevantes que lleven a abordar problemas reales enfrentarse a ideas complejas, elaborar soluciones defendibles y contribuir con productos o servicios que tengan impacto en el mundo.

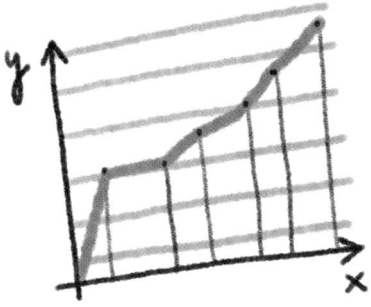

Además de proponer <u>contenidos desafiantes</u>, es fundamental integrar metodologías activas en la enseñanza para ofrecer <u>experiencias significativas de aprendizaje</u>, como el debate.

PARA PROFUNDIZAR:
el debate

Utiliza el (debate) para involucrarlos en la lección, evitando relegar a los demás compañeros a un papel secundario. El debate es una metodología eficaz para desarrollar competencias transversales. Consiste en enfrentar a dos equipos de estudiantes que defienden posturas opuestas sobre un tema. El debate está regulado por normas y tiempos estrictos e incluye diferentes roles: capitán, oradores, investigadores, cronometrador (responsable de asegurar el cumplimiento del tiempo máximo por orador) y miembros del jurado, que deciden el equipo ganador.

Esta metodología no solo mejora las competencias académicas, como la búsqueda y selección de fuentes relevantes para formarse una opinión fundamentada, sino que también desarrolla habilidades de oratoria, fomenta la educación en la escucha, promueve la autoevaluación y la conciencia cultural, incrementa la autoestima, y entrena la mente para no quedarse anclada en opiniones personales, valorando las de los demás y estimulando el pensamiento crítico.

Es importante manejar cuidadosamente la competitividad, ya que los estudiantes con altas capacidades suelen tener dificultades para aceptar la derrota, o incluso para contemplar la posibilidad de perder. Esto se debe a que, en las discusiones, suelen tener una ventaja evidente y ven la derrota no como algo casual, sino como una amenaza a su identidad.

CAPÍTULO 6 LO DISCUTE TODO (reglas, opiniones, decisiones)

Porque le encanta debatir.

Porque no quiere hacer cosas que no le gustan.

Porque cuestiona las convenciones sociales, las reglas y las decisiones arbitrarias.

QUÉ HACER

✓ Utiliza el juego de roles para que comprenda las diferentes posiciones y respete las opiniones de los demás.

✓ Asegúrate de que la discusión se lleve a cabo siempre en un tono equilibrado y respetuoso.

✓ Ayúdale a entender que, por muy inteligente que sea, también puede equivocarse.

✓ Enséñale a evitar razonamientos polarizados. No todo es blanco y negro.

QUÉ NO HACER

✗ NO entres en disputas agotadoras de las que sea difícil salir.

✗ NO cedas a las provocaciones.

✗ NO lo desafíes.

✗ NO debes ser autoritario, sino una figura de autoridad.

Qué conviene tener en cuenta

A los estudiantes con altas capacidades les encanta discutir y debatir. Podrían recibir un título *honoris causa* en Derecho desde su nacimiento. Lo discuten todo: las reglas, la disciplina, los castigos, como si estuvieran en un tribunal.

Tienden a cuestionar las convenciones sociales, las reglas y las decisiones arbitrarias. En esencia, discuten casi cualquier cosa que no consideren justa, ética, socialmente útil, políticamente aceptable o, simplemente, que no quieren hacer.

Aunque son capaces de presentar argumentos sólidos, es importante que las discusiones se mantengan siempre en un cauce equilibrado, sin faltar al respeto a sus interlocutores.

Estos alumnos no solo poseen un conjunto de conocimientos prácticos más amplio que el de sus compañeros, sino que también destacan por una capacidad avanzada de pensamiento abstracto.

Sin embargo, estas cualidades pueden contribuir a construir una visión frágil de sí mismos, ya que alimentan la idea de que no pueden equivocarse.

Como resultado, cambiar de opinión puede significar admitir que estaban equivocados y que el otro tenía razón.

Dado que no están acostumbrados a enfrentarse al error, estas falsas percepciones contribuyen a desarrollar una rigidez intelectual que los lleva a pensar de manera extrema o polarizada.

Proporcionar a estos estudiantes materiales suficientemente estimulantes permite derribar las barreras y:

- desarrollar empatía y respeto por ideas diversas;
- aceptar matices de gris en lugar de pensar en términos absolutos de blanco y negro.

Cómo intervenir

Un enfoque útil es el juego de rol en el que se dramatiza una situación realista que permite experimentar la multidimensionalidad y la complejidad a través de diferentes puntos de vista. En este «juego social», se pide a los estudiantes que adopten una posición frente a una cuestión importante, basándose también en hechos de actualidad (por ejemplo, la obligatoriedad de usar el hiyab). Haz preguntas como: «¿Existe la responsabilidad moral de desobedecer leyes injustas?», en las que el estudiante con altas capacidades, por ejemplo, puede interpretar  a un abogado o a un juez, citando leyes y artículos de la Constitución, en un hipotético debate con ciudadanos, líderes religiosos u otros personajes representados por sus compañeros de clase, cada uno de los cuales puede defender posturas distintas.

Las dinámicas del juego de roles permiten:

- experimentar que existe una variedad de opiniones sobre las cuales es posible adoptar una posición intermedia, idea a la que suelen ser poco proclives los estudiantes con altas capacidades;

- comprender que el propósito de su inteligencia no es simplemente tener la razón, sino debatir sobre cuestiones complejas evaluando diversos puntos de vista;
- adoptar actitudes más flexibles, ayudándoles a ponerse en el lugar de otros, explorando y profundizando, por medio del juego y en un entorno protegido, nuevas perspectivas.

En este juego, no gana quien demuestre que su postura es la correcta o quien argumente mejor, sino quien sepa representarla de manera más completa, captando matices y desarrollando la habilidad de ponerse en el lugar de los demás, sin que en eso intervenga el juicio personal.

Los consejos del experto

Los estudiantes con altas capacidades tienden a no aceptar imposiciones y a cuestionar prácticas consolidadas. Sin embargo, aunque son capaces de argumentar de manera excelente, es importante que los adultos no entren en disputas extenuantes de las que sea difícil salir.

A veces sus intervenciones son superficiales, otras veces están bien fundamentadas, pero, en cualquier caso, es crucial evitar que se conviertan en enfrentamientos innecesariamente polémicos que puedan radicalizar aún más las posiciones de los interlocutores.

El consejo es aprovechar estos conflictos para invitarlos a respaldar sus convicciones o posturas, por ejemplo, recopilando artículos de distintos periódicos que presenten diversas perspectivas de figuras relevantes, alejando el debate fuera de una dinámica alumno-docente o alumno-compañeros, ya que esta última podría interpretarse erróneamente como un intento de imponerse a sus compañeros de clase.

No importa cuán brillante sea un estudiante, sigue siendo un adolescente que necesita la guía de una fuente de autoridad, no autoritaria, que respete su necesidad de explicaciones detalladas, pero también los roles de cada uno.

CAPÍTULO. 7

NO HACE
los deberes

Porque considera que son una pérdida de tiempo.

Porque le cuesta planificar.

Porque no ha desarrollado un método de estudio.

Porque teme presentar un trabajo mediocre.

QUÉ HACER

✓ Admite que para él los deberes tradicionales son una pérdida de tiempo.

✓ Asigna tareas que estén relacionadas con su nivel de habilidad.

✓ Identifica la causa del comportamiento problemático.

✓ Refuerza las habilidades necesarias para la gestión del tiempo.

QUÉ NO HACER

✗ NO exacerbes su perfeccionismo.

✗ NO subestimes la posibilidad de que exista una dificultad de aprendizaje no diagnosticada.

✗ NO le asignes tareas repetitivas o de simple memorización.

Qué conviene tener en cuenta

Los estudiantes con altas capacidades no suelen dar tanta importancia a las tareas escolares. Poseen habilidades cognitivas avanzadas y aprenden rápidamente, por lo que necesitan muchas menos repeticiones que un estudiante típico.

No es raro que un estudiante con altas capacidades experimente algunos o todos los siguientes problemas:

- Hace los deberes, pero no los entrega.
- Deja los deberes para última hora.
- Los hace con desgana y comete errores por falta de atención.

Al principio, puede resultar difícil motivar a un estudiante para que haga las tareas. El primer paso es identificar la causa de su aversión, que podría estar relacionada con:

1. falta de estímulo,
2. desorganización,
3. perfeccionismo,
4. un trastorno del aprendizaje no reconocido.

1. Falta de estímulo

A cada estudiante se le debería asignar tareas adecuadas a su nivel de habilidad, es decir, ni demasiado fáciles ni demasiado difíciles. Las tareas demasiado difíciles pueden generar ansiedad, mientras que las demasiado fáciles pueden causar aburrimiento. En ambos casos, el estudiante evitará hacerlas para escapar de la sensación desagradable que le provocan.

Cuando a un estudiante con altas capacidades se le asignan tareas muy difíciles, tiende a no pedir ayuda, ya que son muy orgullosos y poco propensos a admitir que no pueden completar la actividad por sí mismos.

Por otro lado, cuando las tareas son demasiado fáciles, se espera que las completen, pero la monotonía puede suponer una traba tan grande para su concentración como la ansiedad. Algunos estudiantes podrían aceptarlas, pero las harán de mala gana y de forma apresurada, lo que desembocará en numerosos errores por falta de atención.

2. Desorganización

Los estudiantes con altas capacidades suelen ser algo desorganizados: pierden los libros, el estuche, olvidan llevar a casa las fotocopias, confunden las fechas de entrega e incluso se olvidan de llevar a la escuela el cuaderno con las tareas hechas.

3. Perfeccionismo

Los estudiantes perfeccionistas suelen ser reacios a completar las tareas porque consideran que el trabajo nunca cumple con sus altos estándares, lo que les provoca frustración.

Con el tiempo, pueden desarrollar el hábito de procrastinar para evitar esta frustración. Incluso si han acabado las tareas, podrían optar por no entregarlas porque no están plenamente satisfechos con ellas, o creen que no reflejan sus verdaderas capacidades, evitando así que el docente las evalúe. Paradójicamente, un perfeccionista también podría decidir no esforzarse mucho al hacer las tareas, de manera que se pueda atribuir la falta de perfección a su falta de dedicación, en lugar de a sus habilidades.

4. Trastorno del aprendizaje

Un niño con altas capacidades con un trastorno de aprendizaje no diagnosticado, definido como estudiante doblemente excepcional, puede tener problemas tanto para realizar las tareas en casa como en la escuela. Es posible que se sienta confundido e incluso avergonzado por el esfuerzo que le supone. Para él, resulta psicológica y emocionalmente más sencillo evitar las tareas que intentar realizarlas. En estos casos, se le podría convencer fácilmente de que, si las hubiera hecho, las habría hecho bien, protegiendo así su autoestima.

Cómo intervenir

Para resolver los problemas relacionados con los deberes, es fundamental identificar la causa del comportamiento problemático y apoyar al estudiante en sus dificultades.

El primer paso es evaluar si la aversión a las tareas podría estar causada por un trastorno del aprendizaje no diagnosticado, lo que puede verificarse a través de pruebas realizadas por psicólogos especializados en identificar doble excepcionalidad.

Es importante señalar que, a menudo, se diagnostica erróneamente a los estudiantes con altas capacidades con trastornos como TDAH o trastorno negativista desafiante. Una vez confirmada la presencia de trastornos adicionales, es crucial recordar que, al igual que los estudiantes con dificultades de aprendizaje, los doblemente excepcionales necesitan estrategias específicas para abordar sus obstáculos, pero también niveles de competencia adecuados que tengan en cuenta sus altas capacidades cognitivas.

Los consejos del experto

Los estudiantes con altas capacidades tienden a hacer las tareas de manera apresurada —suelen considerarlas demasiado fáciles—, para poder dedicarse así a actividades más interesantes y estimulantes. Es útil asignarles tareas que no consistan en la simple aplicación de conceptos y reglas que probablemente ya han interiorizado, o peor aún, en la mera memorización de datos o hechos. En su lugar, propón actividades de ampliación de los contenidos, como tareas de enriquecimiento que pueden incluir ámbitos extracurriculares.

En el caso de que el estudiante destaque especialmente en tu asignatura, podrías proponerle una aceleración. En cualquier caso, el tiempo dedicado a las tareas debe ser coherente con su perfil y con el reconocimiento de sus necesidades educativas especiales. Esto también se aplica a las tareas de vacaciones: si el curso escolar ya ha sido lento y aburrido para este estudiante, ¡no le pidas que se pase las vacaciones de verano repitiendo contenidos que ya ha aprendido!

Asignar tareas adecuadas, que supongan un desafío, ayudará al estudiante a aprender que planificar el tiempo dedicado a ellas es importante y puede reforzar las habilidades necesarias de gestión del tiempo. Otra estrategia creativa para las tareas es vincularlas con sus intereses personales.

CAPÍTULO 8 NO LE GUSTA
trabajar en grupo

Porque considera que el trabajo en grupo no sirve de gran cosa.

Porque el trabajo es demasiado fácil o el ritmo demasiado lento.

QUÉ HACER

✓ Desarrolla sus habilidades interpersonales, como cuestionar los argumentos de alguien sin que se perciba como un ataque personal.

✓ Enséñale a aportar pruebas que respalden su idea o punto de vista.

✓ Recalca que en la vida real y profesional todos deben ser capaces de trabajar con personas que tienen habilidades diferentes.

QUÉ NO HACER

✗ **NO** lo obligues a trabajar en grupo.

✗ **NO** controles de forma excesiva el desarrollo del trabajo en grupo.

Qué conviene tener en cuenta

En los últimos treinta años, la investigación ha demostrado que el trabajo cooperativo promueve el aprendizaje y mejora el rendimiento[1, 2] así como el desarrollo de comportamientos prosociales, percepciones y creencias socioemocionalmente positivas.[3, 4]

Sin embargo, los estudios no han proporcionado respuestas concluyentes sobre los resultados del aprendizaje cooperativo en los estudiantes con altas capacidades.[5] En particular, se corre el peligro de que estos estudiantes puedan percibir que el trabajo en grupo supone una reducción de las oportunidades de aprendizaje.

Muchos estudiantes con altas capacidades prefieren las actividades individuales a las cooperativas porque:[6, 7, 8]

- cuando los miembros del grupo trabajan en el mismo contenido, se quejan de aburrimiento porque el nivel del trabajo es demasiado sencillo o el ritmo es muy lento;
- consideran que su contribución al producto final del grupo es mayor que la de los demás, lo que genera resentimiento o los lleva a esforzarse menos en futuras actividades grupales;
- temen que trabajar en grupo les haga obtener calificaciones más bajas de las que lograrían trabajando individualmente o sentirse insatisfechos con la calidad del producto final.

Cómo intervenir

Los estudiantes con altas capacidades necesitan un currículo basado en resolución de problemas y en indagación que estimule habilidades de pensamiento de orden superior. En particular, el aprendizaje investigativo se centra en preguntas o problemas que los estudiantes consideran intrínsecamente interesantes, relevantes o significativos.

La educación para estudiantes con altas capacidades siempre ha valorado estos currículos,[9, 10, 11] ya que son coherentes con su necesidad de afrontar preguntas y problemas desafiantes, así como de investigar y producir nuevas ideas y productos.[12, 13]

Existen muchas maneras de estructurar las actividades grupales. Algunas formas pueden ser menos adecuadas para estos estudiantes, como cuando las interacciones no son realmente recíprocas, lo que ocurre en grupos con roles de «líderes» y «seguidores».[14]

Pueden estructurarse otras formas de aprendizaje cooperativo para promover la comprensión y desarrollar competencias de nivel avanzado.

Permite que el estudiante con altas capacidades identifique preguntas o problemas que desee investigar y asegúrate de que el ritmo y el alcance de la investigación puedan personalizarse, por ejemplo, mediante el uso de un caso de estudio. Además, en algunos casos, aparte de la evaluación del trabajo grupal, podrías incluir evaluaciones individuales que reconozcan las aportaciones y el esfuerzo de cada estudiante.

Es importante recordar que los estudiantes que se niegan a trabajar, ya sea individualmente o en grupo, están intentando comunicar una necesidad, y es nuestro deber ayudarlos.

En muchos países existen programas específicos para estudiantes con altas capacidades que les permiten colaborar con compañeros de habilidades cognitivas similares (no necesariamente de la misma edad). La investigación ha demostrado que estas oportunidades no solo responden a sus necesidades cognitivas, sino que también facilitan la creación de relaciones sociales auténticas.

Sin embargo, como no to-
dos los países tienen acceso a
estos programas especiales,
los grupos de trabajo deberían incorporar materiales de
nivel avanzado y permitir un ritmo
flexible.

Al diseñar un trabajo en grupo, es esencial ofrecer a estos estudiantes una tarea que suponga un desafío y la oportunidad de trabajar con compañeros de habilidades cognitivas similares, aunque también es importante enseñarles que, en la vida, todos deben ser
capaces de colaborar con personas con habilidades diversas.

Los consejos del experto

Si el estudiante con altas capacidades no considera útil trabajar en
grupo, puedes ofrecerle la posibilidad de trabajar en un proyecto individual (o en pareja con un compañero, pero solo si él lo desea).

El Wizard Project Maker es un componente interesante del SEM,
desarrollado por Renzulli y Reis,[15] que promueve el aprendizaje en
niveles elevados de desafío y ayuda al estudiante a comprender qué
es un proyecto de investigación, desarrollando sus habilidades metacognitivas.

Los docentes asumen el rol de mentores que apoyan al estudiante en:

- definir un proyecto y establecer un objetivo;
- identificar y evaluar tanto los recursos a los que tiene acceso como
  los que necesita (por ejemplo, un tutor, tiempo para planificar
  y realizar el proyecto, etc.);

- establecer prioridades y definir objetivos;
- equilibrar los recursos necesarios para cumplir con múltiples metas;
- aprender de experiencias pasadas y prever resultados futuros;
- supervisar los avances, realizando las modificaciones necesarias durante el desarrollo del proyecto.

CAPÍTULO 9 LOS RESULTADOS

académicos no reflejan su potencial

Porque el currículo de los estudiantes con altas capacidades no está debidamente diferenciado.

Porque los estudios no suponen un desafío y no comprende el valor del esfuerzo y del trabajo duro para alcanzar objetivos.

Porque no ha adquirido un método de estudio.

QUÉ HACER

✓ Valora los intereses individuales del estudiante.

✓ Adopta una visión evolutiva de las altas capacidades.

✓ Ofrécele la posibilidad de participar en actividades de enriquecimiento de tipo I, II y III del Modelo Triádico de Enriquecimiento del SEM.

QUÉ NO HACER

✗ NO subestimes posibles señales o indicios de bajo rendimiento.

✗ NO digas: «Si te esforzaras más, tendrías mejores notas».

Qué conviene tener en cuenta

El bajo rendimiento se define comúnmente como una discrepancia entre el potencial (o habilidades) y el rendimiento (o logro). En otras palabras, los estudiantes con bajo rendimiento son aquellos que muestran una diferencia significativa entre lo que se espera de ellos y su rendimiento real (medido a través de calificaciones escolares y evaluaciones de los docentes).[1]

La discrepancia debe ser lo bastante significativa como para generar preocupación: una mala calificación aislada no es motivo de alarma, pero es importante asegurarse de que los episodios de bajo rendimiento no se prolonguen durante todo el curso.[1] La discrepancia debe ser crónica: se deben observar patrones de bajo rendimiento que persistan durante un tiempo considerable, al punto de ser identificables y de causar consecuencias adversas.[1]

Además, es esencial confirmar que la discrepancia entre el rendimiento esperado y el real no se deba a un trastorno del aprendizaje no diagnosticado.[1]

Según diversos estudios, al menos la mitad de los estudiantes con altas capacidades experimenta bajo rendimiento durante su trayectoria escolar.[1] Esto se debe a que pasan la mayor parte de su experiencia educativa en clases regulares donde el currículo no está adaptado. Aunque los docentes deseen proporcionar oportunidades educativas apropiadas para estos estudiantes, pocos han recibido una formación específica para comprender sus necesidades educativas.[2]

El bajo rendimiento no es un diagnóstico ni el problema principal.[1] Es un síntoma o señal de que hay un problema que se traduce en un desempeño muy por debajo de sus posibilidades.[3]

Detectar señales y pistas de bajo rendimiento de forma temprana podría prevenirlo, en lugar de recurrir a estrategias para tratar de revertirlo una vez establecido.[1]

Es importante entender que el bajo rendimiento no solo afecta a la trayectoria escolar del individuo, sino también a sus perspectivas de realización en la vida adulta. De hecho, estudios longitudinales demuestran que los estudiantes con un coeficiente intelectual elevado, pero con calificaciones mediocres, tienden a tener un desempeño en la edad adulta similar al de estudiantes con un coeficiente intelectual promedio y calificaciones mediocres.[1]

En otras palabras, el éxito en la vida de los estudiantes con altas capacidades está más estrechamente vinculado a su rendimiento escolar que a su potencial.

La falta de reconocimiento de su talento representa:

- una pérdida potencial para la sociedad;
- una barrera para su autorrealización.[4]

El bajo rendimiento de los estudiantes con altas capacidades comienza a menudo en la escuela primaria y afecta a su éxito en la secundaria, la universidad y la carrera profesional, convirtiéndose en un problema persistente o incluso creciente que puede llevar al abandono escolar.[5, 6, 7, 8, 9, 10] Las niñas corren un riesgo aún mayor, especialmente en la adolescencia, ya que tienden a ocultar sus habilidades para ser aceptadas en el grupo.[11]

Cómo intervenir

Uno de los elementos clave del bajo rendimiento de muchos estudiantes con altas capacidades es su incapacidad para comprender la importancia del esfuerzo y el trabajo en el desarrollo de sus talentos. Esto suele estar relacionado con la percepción que tienen internalizada sobre esta neurodivergencia. En este sentido, la actitud con la que los adultos, padres y docentes hablan de esta a sus hijos y estudiantes es crucial, ya que puede tener efectos positivos o negativos en la motivación y el rendimiento de los jóvenes.

Siguiendo las investigaciones de Dweck,[12] se pueden identificar dos actitudes o mentalidades respecto a la inteligencia: la mentalidad de crecimiento y la mentalidad fija. Los estudiantes con altas capacidades que tienen una mentalidad fija creen que sus habilidades son innatas y abordan las situaciones nuevas como oportunidades para demostrar lo que ya saben. Tienden a atribuir su éxito más a sus habilidades que a su esfuerzo.

En cambio, los que tienen una mentalidad de crecimiento consideran que sus habilidades son maleables y creen que pueden desarrollarse. Estos estudiantes tienen más probabilidades de enfrentarse a tareas desafiantes y perseverar ante las dificultades, en comparación con aquellos que consideran que las habilidades son innatas y estáticas.[13] Estos últimos corren un riesgo especial de bajo rendimiento. Por tanto, es importante reconocer sus altas capacidades, pero también destacar que el esfuerzo y la determinación contribuyen de manera sustancial al éxito, tanto académico como profesional.

Además, como se ha mencionado anteriormente, es fundamental proponer tareas significativas y motivar a los estudiantes teniendo en cuenta sus intereses.[14] El interés en un tema es un mejor predictor de rendimiento que la mentalidad o la creencia sobre la importancia de las habilidades o el esfuerzo.[15]

Motivar a algunos estudiantes con altas capacidades puede ser difícil: ni las recompensas ni los castigos parecen funcionar, especialmente en aquellos que están intrínsecamente motivados.

Los consejos del experto

Las intervenciones para revertir el bajo rendimiento en estudiantes con altas capacidades suelen dividirse en dos categorías generales: intervenciones educativo-didácticas[16, 17] y apoyo psicológico.

En lo que respecta a las intervenciones educativas, la investigación ha demostrado que el Modelo de Enriquecimiento Escolar de Renzulli, Reis y Milan[18] es eficaz para prevenir el abandono escolar, ya que ofrece a los estudiantes la posibilidad de participar en actividades creativas diseñadas en función de sus intereses. De este modo, logra enganchar a los estudiantes, desarrollando sus intereses y potencial individual, y transformándolos de receptores de conocimiento en productores creativos.

Además, cuando se emplea el Modelo Triádico de Enriquecimiento,[19, 20] el proceso de bajo rendimiento escolar puede revertirse.[16] Este modelo fomenta el desarrollo de la productividad creativa exponiendo a los estudiantes a diversos temas, ideas y áreas de estudio que no necesariamente están contemplados en el currículo escolar, utilizando los tres tipos de enriquecimiento.

Todas las actividades de enriquecimiento del Modelo SEM tienen un propósito claro: involucrar a los estudiantes en actividades creativas que les permitan experimentar utilizando el modo de operar de los profesionales, con el entusiasmo de un aprendiz que se enfrenta a su primer encargo laboral.

Se desarrolla la productividad creativa mediante la exposición de los jóvenes a diversos temas, ideas y áreas de estudio, enseñándoles a aplicar contenidos avanzados, habilidades de pensamiento crítico y formación metodológica en sus áreas de interés. [16, 19, 20]

En particular, un estudiante con altas capacidades y bajo rendimiento podría recuperar una actitud más proactiva participando en una actividad de nivel avanzado que forme parte de su área de interés. Estas experiencias de enriquecimiento les permiten investigar problemas reales cuya solución, que no es evidente ni única, pretende tener un impacto en un público específico.

Este tipo de indagaciones representan la culminación del aprendizaje natural, ya que permiten aplicar competencias adquiridas y procesos avanzados en proyectos individuales o de pequeños grupos, para desarrollar productos y servicios ideados por los propios estudiantes. En este proceso, que constituye «el sistema de ensamblaje de la mente»,[21] el rol del estudiante se transforma y pasa de ser un aprendiz diligente a convertirse en un investigador que da sus primeros pasos.

Otra técnica de diferenciación didáctica, también desarrollada por las investigaciones de Renzulli y Reis, es la compactación del currículo escolar.[22, 23] Esta consiste en eliminar los contenidos ya aprendidos por el estudiante y sustituirlos con actividades más avanzadas.[24] Esta técnica permite evitar el aburrimiento y aumentar el compromiso.

El proceso consta de tres fases:[23]

1. definir los objetivos de una unidad de aprendizaje en particular;
2. determinar y documentar qué estudiantes ya han adquirido la mayoría o todas las competencias previstas en esa unidad;

3. proporcionar estrategias sustitutivas a través de actividades de enriquecimiento y/o aceleración seleccionadas por los propios estudiantes, lo que les permite un uso más productivo de su tiempo.

En lo que respecta al apoyo psicológico, los docentes deben informar sobre la aparición de patrones de bajo rendimiento al psicólogo escolar, quien podría sugerir a la familia la búsqueda de ayuda externa para evitar que dichos patrones se vuelvan crónicos y desemboquen en abandono escolar.

El pacto educativo

Es importante crear una buena sinergia con la familia, escuchar sus posibles dudas y atender sus peticiones, para que los estudiantes perciban que sus padres valoran el esfuerzo de los docentes y la disposición de la escuela para personalizar su trayectoria educativa.

Si la experiencia escolar del estudiante es frustrante, esta decepción podría transferirse a la figura del docente, o de todos los docentes, y a largo plazo podría llevarlo a pensar que los adultos no cumplen con sus expectativas, que la institución escolar (y no solo esta) es inútil, y que la educación, el estudio y la carrera universitaria no son objetivos interesantes. Culpar a la escuela les permite evitar tener que asumir responsabilidades personales en el futuro.

CONTRARRESTAR EL BAJO RENDIMIENTO
Sugerencias para la enseñanza

Desarrollar el potencial de cada estudiante es un objetivo irrenunciable para cualquier institución educativa.

Como establece el Modelo SEM, la personalización del aprendizaje, tanto para estudiantes con altas capacidades como para todo el grupo clase, debe considerar algunos aspectos importantes.

Cultiva los intereses

Ofrece al estudiante con altas capacidades la oportunidad de <u>profundizar en ámbitos de su interés mediante métodos distintos a los estrictamente escolares</u>. Por ejemplo, podría entrevistar a una figura destacada en ese ámbito, ponerse en contacto con el director de una empresa de software, o escribir un correo electrónico al responsable de innovación de Google, entre otras opciones.

Exponlo a nuevas ideas y áreas de interés

En ocasiones, la falta de motivación de un estudiante se debe a que no se ha expuesto a aquello que podría convertirse en una <u>nueva pasión</u>, ya sea algo que le fascine solo durante unos meses o que termine definiendo su futura profesión.

Propón actividades de enriquecimiento que vayan más allá del currículo tradicional.

☑ Utiliza objetivos a corto plazo

En ocasiones, un estudiante con altas capacidades, que podría carecer de habilidades organizativas y de gestión del tiempo, se siente abrumado frente a tareas de gran envergadura. No le asusta que el trabajo sea difícil, pero podría no ser capaz de ver la luz al final del túnel.

Todo esto podría llevarlo a rendirse incluso antes de empezar.

☑ Enséñale a gestionar el tiempo

Desde la escuela primaria, los estudiantes con altas capacidades no suelen tener problemas para mantenerse al día con el trabajo escolar. Aprenden de forma rápida y fácil.

Aunque esto parezca una gran ventaja, puede generar ciertos problemas. Estos estudiantes podrían no llegar a aprender a gestionar su tiempo para completar tareas. En algún momento, durante el bachillerato o la universidad, podrían sentirse desbordados por la carga de trabajo y caer en el bajo rendimiento o, en algunos casos, incluso abandonar sus estudios.

Enséñales los beneficios del esfuerzo.

Muéstrales el valor de trabajar con denuedo y de aspirar a la satisfacción que nace del compromiso. Acompaña este aprendizaje con un programa que les enseñe a gestionar su tiempo de manera efectiva.

✅ Ayúdale a tomar el control

En ocasiones, los estudiantes con altas capacidades que presentan bajo rendimiento pueden ver el éxito como algo que escapa a su control. Cuando lo alcanzan, tienden a atribuirlo a la suerte o a algún otro factor externo.

Esto ocurre porque gran parte de lo que hacen y aprenden les resulta fácil; son conscientes de que pueden obtener buenos resultados con poco esfuerzo.

Esta percepción no les ayuda a entender el valor del esfuerzo y la responsabilidad personal. Para ayudarlos a tener éxito, elogia sus esfuerzos no por el éxito en general, sino por aspectos específicos.

✅ Crea conexiones entre el currículo y sus intereses

A veces, los estudiantes carecen de motivación porque no ven una relación entre el trabajo que se les pide realizar en clase y sus intereses. Propón actividades que incluyan la resolución de problemas de la vida real.

✅ La motivación no siempre está relacionada con los resultados escolares

A menudo equiparamos la motivación con el rendimiento académico. Sin embargo, es importante destacar que algunos estudiantes están muy motivados para alcanzar ciertos objetivos que no son valorados por la escuela porque no están vinculados al currículo.

Necesidades
SOCIOEMOTIVAS

10 LE CUESTA INTEGRARSE en
el grupo de coetáneos

¿POR QUÉ SE COMPORTA ASÍ?

Porque la escuela agrupa a los estudiantes por edad en lugar de hacerlo por habilidades o intereses.

Porque necesitan un «amigo de verdad» con habilidades cognitivas similares.

Porque les gusta estar con personas mayores que los estimulen intelectualmente.

Porque sus compañeros de la misma edad pueden percibirlos como «diferentes», «empollones» o «sabelotodos».

QUÉ HACER

✓ Observa las relaciones sociales entre los compañeros.

✓ Comprueba si los estudiantes con altas capacidades sufren algún tipo de acoso.

✓ Señala cualquier actitud que pueda indicar signos de depresión.

✓ Facilita su inclinación a relacionarse con alguien de habilidades cognitivas similares, preferiblemente un poco mayor, con quien puedan compartir intereses comunes.

QUÉ NO HACER

✗ NO lo obligues a participar en actividades o juegos de socialización.

✗ NO juzgues de forma negativa su inconformismo.

Qué conviene tener en cuenta

Las altas capacidades tienen muchos aspectos positivos, pero también existen factores internos y externos que afectan a las experiencias emocionales y sociales de los estudiantes que las poseen y de sus familias.[1] El desarrollo social y emocional de estos estudiantes es tan importante como su desarrollo intelectual, ya que les proporciona las habilidades necesarias para afrontar y gestionar eficazmente las dificultades específicas en su interacción con los demás.[2]

En la literatura científica internacional, hay posiciones encontradas con respecto a la adaptación social de los niños y jóvenes con altas capacidades.

Sin embargo, no existen datos estadísticos significativos que demuestren que estos estudiantes corran un mayor riesgo que sus pares normotípicos. De hecho, algunas investigaciones señalan que estos estudiantes se comportan de manera menos problemática que sus compañeros.

A pesar de ello, se suele decir que se aíslan, son asociales, emocionalmente inestables, tímidos, con baja autoestima, y que corren el riesgo de volverse solitarios, excéntricos, obstinados o incluso agresivos.

Según Silverman, estos estudiantes «tienen problemas específicos derivados de ciertos rasgos de personalidad o circunstancias externas. Entre estas dificultades se incluyen: problemas con las relaciones sociales, [...] depresión (a menudo manifestada como aburrimiento), altos niveles de ansiedad, dificultad para aceptar críticas, ocultamiento de sus capacidades para adaptarse a sus compañeros, anticonformismo y resistencia a la autoridad, rechazo a las actividades rutinarias, intolerancia a la repetitividad y a los deberes escolares».[3]

Además, se les critica por su excesiva competitividad, baja tolerancia a la frustración, falta de un método de estudio y poca paciencia con los demás.

En realidad, el desajuste social y la inestabilidad emocional no son constantes, sino variables, ya que existen estudiantes con altas capacidades que están perfectamente integrados y que, con frecuencia, son líderes empáticos y positivos. Afirmar que «es difícil tener altas capacidades, especialmente para los jóvenes»[3] es una generalización simplista que no está respaldada por los hechos, al menos en contextos escolares y sociales que le brindan apoyo.

Debemos aceptar la idea de que, para los estudiantes con altas capacidades, vivir en un entorno escolar donde los niños están agrupados por edad y no por habilidades o intereses puede ser un verdadero reto. Por lo tanto, si adoptamos una diferenciación curricular para satisfacer sus necesidades académicas, también debemos entender que tienen necesidades sociales distintas a las de sus compañeros de su misma edad. De hecho, las expectativas de amistad de los estudiantes con altas capacidades difieren significativamente de las de sus compañeros de la misma edad cronológica.

Estos estudiantes no buscan simplemente un compañero de juegos, sino una relación más madura: un amigo con quien construir un vínculo basado en el respeto y la confianza, alguien con quien compartir sus intereses particulares. Por consiguiente, aunque, por lo general, pueden estar bien integrados socialmente, muchos pueden sentirse como si no tuvieran la posibilidad de encontrar a un «verdadero amigo».

Por otro lado, al interactuar con ellos puede parecer que uno habla con un adulto en miniatura: son capaces de participar en conversaciones mucho más avanzadas que las propias de su edad, tienden a comprender conceptos complejos y buscan intercambios intelectualmente estimulantes, algo que rara vez encuentran en sus compañeros de clase.

Es comprensible que busquen relacionarse con alguien que consideren un verdadero igual.

La mayoría de los docentes tienden a culpar al estudiante con altas capacidades por no querer construir relaciones sociales con sus compañeros de clase, en lugar de comprender que a menudo experimentan lo que podríamos llamar «la soledad de los números primos» y necesitan un poco de ayuda para hacer amigos.

Como señaló Jung: «la soledad no proviene de no tener a nadie a tu alrededor, sino de la incapacidad de comunicar las cosas que nos parecen importantes o de otorgar valor a ciertos pensamientos que otros consideran inadmisibles».[5]

Cómo intervenir

Para ayudar a los estudiantes con altas capacidades a encontrar verdaderos amigos, además de sus compañeros de clase habituales, sería útil identificar estudiantes, preferiblemente un poco mayores, con quienes compartan intereses similares. Esto puede llevarnos a buscar fuera del aula, quizás dentro del mismo centro educativo, y a organizar actividades que reúnan a estudiantes de diferentes edades unidos por una pasión común.

Esto es posible a través de los grupos de enriquecimiento del Modelo SEM, mencionados en el capítulo 1 «Se aburre».[6]

Otra forma de fomentar habilidades sociales es asignar al estudiante un mentor que, al ser un adulto, ofrece la doble ventaja de comprender rápidamente sus ideas e intuiciones y, al mismo tiempo, de proporcionarle las herramientas y competencias necesarias para seguir su pasión.

Los mentores pueden encontrarse a nivel local, pero también existen plataformas en línea que ofrecen este servicio, como la Global Talent Mentoring (https://globaltalentmentoring.org), que conecta a jóvenes interesados en STEMM (Ciencia, Tecnología, Ingeniería, Matemáticas y Medicina) con expertos en el área. En esta relación colaborativa, un mentor comparte sus conocimientos, habilidades y experiencias con un aprendiz, que se beneficia de la orientación y la perspectiva del mentor.

La tutoría es una herramienta muy eficaz para el desarrollo del talento y genera resultados especialmente positivos en los estudiantes con altas capacidades. Gracias a este apoyo, pueden adquirir conocimientos y habilidades específicas en su campo de interés, además de recibir valiosos consejos sobre sus proyectos académicos y futuros planes de carrera.

El pacto educativo

Las familias desempeñan un papel fundamental, ya que crean oportunidades de socialización con grupos de habilidades cognitivas iguales, participan a menudo en iniciativas organizadas por asociaciones de padres de estudiantes con altas capacidades durante su tiempo libre o los fines de semana. Muchos padres afirman que, al presenciar una conversación entre su hijo y otro estudiante con habilidades cognitivas similares, han sentido una conexión inmediata, una fascinación por la conversación y una empatía palpable: se entendían con una mirada y dialogaban como si se conocieran de toda la vida.

Otra oportunidad valiosa para estos estudiantes es asistir a programas de verano organizados por universidades de prestigio, donde pueden convivir con estudiantes con altas capacidades de diversos países.

Los consejos del experto

Otra opción para promover actividades grupales es la colaboración en proyectos en línea mediante plataformas educativas como el módulo Global Collaboration del Renzulli Learning System (renzullilearning.com). Este sistema ofrece un espacio virtual y seguro que permite que estudiantes de todo el mundo se unan para compartir ideas, proyectos y visiones comunes.

Los estudiantes pueden agruparse según sus intereses, estilos de aprendizaje y formas de expresión, y los docentes pueden crear grupos personalizados. Los productos finales de estos proyectos se comparten con docentes, familias y otros estudiantes a nivel global a través del módulo Feria Mundial del sistema Renzulli Learning.

CAPÍTULO. 11

Presenta un DESARROLLO ASINCRÓNICO

¿POR QUÉ SE COMPORTA ASÍ?

Porque tienen «muchas edades» al mismo tiempo.

Porque su madurez y habilidades sociales y de afrontamiento están relacionadas con su edad cronológica, no con sus elevadas habilidades cognitivas.

Porque los estudiantes con altas capacidades necesitan (y tienen derecho) a relacionarse con personas de su misma capacidad intelectual.

QUÉ HACER

✓ Proporciónales tanto desafíos cognitivos acordes a sus capacidades como apoyo y consuelo adecuados a su edad.

✓ Recuérdales que su comportamiento está en consonancia con lo que se espera de jóvenes de su misma edad.

✓ Ayúdales a entender que, con tiempo y práctica, podrán hacer realidad lo que ya son capaces de concebir con la mente.

QUÉ NO HACER

✗ NO pienses que son inmaduros desde un punto de vista social o emocional.

✗ NO esperes que puedan ejercer el mismo control sobre sus emociones que un joven de mayor edad.

✗ NO supongas que sus habilidades motoras finas están igual de desarrolladas que sus capacidades cognitivas.

Qué conviene tener en cuenta

Algunos expertos consideran que la característica distintiva de las altas capacidades es el desarrollo asincrónico, más que el potencial o las habilidades.[1]

De hecho, una de las definiciones de altas capacidades, propuesta por el Grupo Columbus, establece:[2]

> Las altas capacidades son un desarrollo asincrónico en el que las habilidades cognitivas avanzadas se combinan con una profunda intensidad, lo que da lugar a experiencias interiores y una conciencia cualitativamente diferentes de la norma. La asincronía aumenta con el incremento de la capacidad intelectual. La singularidad de los estudiantes con altas capacidades los hace vulnerables y requiere de modificaciones en la educación, la enseñanza y el asesoramiento para que puedan desarrollarse de manera óptima.

El desarrollo asincrónico suele ser evidente desde los primeros años de escolarización, o incluso antes, y se convierte en un problema menor a medida que los niños crecen, aunque sus efectos pueden prolongarse hasta la adolescencia.

Una característica notable de la infancia, y fuente de frustración para un niño con altas capacidades, es que su desarrollo físico podría no estar al mismo nivel de su desarrollo intelectual. Sus habilidades motoras finas podrían no estar lo suficientemente desarrolladas para materializar lo que imagina: sus manos aún no tienen la destreza ni la coordinación necesarias para realizar lo que es capaz de concebir mentalmente.

Este desajuste se reduce gradualmente y estas dificultades son menos significativas en la educación secundaria, pero sigue siendo un aspecto importante a tener en cuenta.

Cuanto mayor sea la capacidad del niño, más marcada será esta asincronía, ya que el desarrollo intelectual de un estudiante con altas capacidades avanza mucho más rápido que su desarrollo social, emocional y físico. Este desarrollo asincrónico puede provocar diversas problemáticas, como perfeccionismo, sensibilidad sensorial, intensidad emocional y dificultades en la interacción social.[3]

Dado que un estudiante con altas capacidades tiene habilidades cognitivas avanzadas y, en ocasiones, piensa y habla como un adulto, algunos docentes podrían esperar que también sea capaz de controlar sus emociones al nivel de un joven de mayor edad o incluso de un adulto, lo cual sería un error.

Lo cierto es que no es así y sería injusto esperarlo. Tanto los docentes como los padres pueden considerar frustrante esta asincronía, ya que resulta desconcertante discutir temas filosóficos profundos con un estudiante y, al mismo tiempo, verlo llorar desconsoladamente porque se le ha caído el teléfono, un comportamiento típico de su edad cronológica.

Cómo intervenir

Es importante tener expectativas adecuadas a la edad.

Es complicado razonar e interactuar con un joven cuyo desarrollo progresa a ritmos diferentes en distintas áreas. Estos estudiantes, en general, son muy listos, elocuentes, tienen una memoria excepcional, una gran sensibilidad emocional y pueden ser muy profundos, pero también muestran una intensidad que puede ser difícil de manejar. A veces, tienen problemas para integrarse en clase con compañeros que presentan un desarrollo sincronizado, en el que todas las áreas de crecimiento están equilibradas.

Los docentes pueden enfrentarse a retos significativos al gestionar a un estudiante cuya madurez emocional difiere mucho de su capacidad cognitiva. Estos estudiantes necesitan enfrentarse a desafíos intelectuales, pero también necesitan una disciplina coherente y justa cuando su inmadurez les lleva a causar problemas en clase o durante el recreo.

Antes de sorprenderse por una reacción infantil de un estudiante con altas capacidades y juzgarlo como social o emocionalmente inmaduro, debemos recordar su edad cronológica.

Estos jóvenes necesitan estímulos intelectuales avanzados y, paradójicamente, el tipo de apoyo emocional que solemos reservar para niños más pequeños. Tanto los docentes como los padres deben esforzarse por ofrecerles oportunidades adecuadas desde el punto de vista cognitivo sin olvidar que, pese a sus capacidades excepcionales, siguen siendo adolescentes, con todo lo que eso implica.

Los consejos del experto

¿Qué estrategias pueden utilizar los docentes para ayudar a estudiantes con desarrollo asincrónico? El enriquecimiento del aprendizaje es una de las estrategias más efectivas, pero también se recomienda el uso de una forma específica de aceleración: la aceleración de la materia en la que destaca. Esta estrategia permite proporcionar al estudiante con altas capacidades contenidos avanzados en una materia determinada. Por lo general, esto se implementa permitiendo que el estudiante asista únicamente a las clases de su materia de excelencia en un nivel superior (por ejemplo, un estudiante de primero de secundaria que asiste a clases de matemáticas en tercero de secundaria), mientras permanece con sus compañeros de la misma edad en las demás asignaturas curriculares.

El pacto educativo

Los adultos deben tener una comprensión clara del desarrollo asincrónico de los niños y jóvenes con altas capacidades para ofrecerles el apoyo y la orientación necesarios en la escuela, el hogar y la sociedad. Aunque todos necesitan ayuda para desarrollarse a nivel intelectual, emocional, físico y social, los estudiantes con altas capacidades requieren mayor atención para encontrar un equilibrio entre estas áreas, ya que esta consonancia puede mejorar significativamente su vida social. Cuando un estudiante se da cuenta de que no está en sintonía con sus compañeros, puede experimentar miedo, ansiedad o depresión.

- Enséñale estrategias para manejar el estrés que siente al sentirse «fuera de sincronía» con los demás, como el *mindfulness*, el yoga o las artes marciales.
- Ayúdale a identificar y clasificar aquello que le resulta menos frustrante y más frustrante para establecer prioridades (reconociendo que algunos objetivos son más importantes que otros) y relativizar sus debilidades.
- Permítele interactuar con otros jóvenes con altas capacidades y compartir pasiones, intereses y aficiones en contextos extracurriculares.

12 ES PERFECCIONISTA
y corre el riesgo
de quemarse

Porque se niega a aceptar que algo no sea perfecto.

Porque está sometido a fuertes presiones sociales.

Porque se fija estándares elevados y objetivos ambiciosos.

Porque trabaja de forma obsesiva para proteger su identidad de estudiante con altas capacidades.

QUÉ HACER

✓ Apóyalo cuando cometa errores.

✓ Utiliza la ironía y el humor para aliviar el estrés.

✓ Anímalo a trabajar en áreas donde no destaque y no pueda aspirar a la perfección.

✓ Ayúdalo a gestionar sus preocupaciones y la ansiedad por el rendimiento.

✓ Emplea técnicas de relajación, meditación o yoga.

QUÉ NO HACER

✗ NO proyectes sobre él expectativas excesivas por el hecho de poseer altas capacidades.

✗ NO le digas que podría hacerlo mejor.

✗ NO te sorprendas de sus errores.

✗ NO valores la perfección, sino la excelencia.

Qué conviene tener en cuenta

El perfeccionismo se define como la negativa a aceptar que algo no sea perfecto, así como la tendencia a exigirse a uno mismo un rendimiento constantemente superior.

En general, los estudiantes con altas capacidades tienden a imponerse estándares elevados, que a veces pueden estar fuera de su alcance o ser poco razonables, así como a fijarse metas ambiciosas que no siempre son realistas.[1]

Algunos investigadores sostienen que no existen evidencias que respalden la idea de que las personas con altas capacidades sean más perfeccionistas que otras, o que el perfeccionismo sea una característica inherente a este tipo de pensamiento.[2]

Otros señalan, en cambio, que estos estudiantes experimentan más estrés relacionado con el perfeccionismo que otros estudiantes, aunque este solo se convierte en un problema clínico cuando les impide apreciar su propia competencia o la calidad de su trabajo.[3]

La presión social a la que se enfrentan muchos estudiantes tras recibir la etiqueta de «superdotado» puede aumentar estas expectativas y resultar opresiva.

Independientemente de si su origen está relacionado con las altas capacidades o con las expectativas sociales, el perfeccionismo puede obstaculizar la realización personal e incluso afectar al bienestar emocional del individuo.

La perfección, en sí misma, es un concepto abstracto, ya que todo es susceptible de mejora, lo que puede generar una insatisfacción constante.

La necesidad de no decepcionar a los demás puede desencadenar una búsqueda constante de la perfección, con costes psicológicos altísimos, llegando incluso al *burnout* (síndrome del agotamiento): un estrés crónico y persistente que lleva a la persona al agotamiento de sus recursos físicos y psicológicos. Esto puede manifestarse en síntomas psicológicos negativos (apatía, nerviosismo, inquietud, desmotivación, etc.) y asociarse con problemas físicos como dolores de cabeza, molestias abdominales o insomnio.

Una de las causas que provoca el *burnout* en estos estudiantes es, como hemos mencionado, las altas expectativas que surgen al ser identificados como estudiantes con altas capacidades.[4]

Los perfeccionistas suelen tener miedo al fracaso; mientras que la mayoría de los estudiantes se enfrentan diariamente al error y a pequeños fracasos, en los chicos con altas capacidades esta experiencia no es tan común, y el fracaso puede resultarles tan devastador que, en algunos casos, prefieren evitar ponerse a prueba. En este sentido, carecen de estrategias de afrontamiento, que están entre las habilidades más importantes para la vida.

El perfeccionismo, por tanto, puede generar indecisión, procrastinación y evitación.

Para no caer en esta trampa, es importante que el estudiante aprenda a enfrentarse, con tu apoyo, a sus preocupaciones y a superar la ansiedad que le genera el rendimiento.

Si aprende a superar sus inquietudes, reforzará su capacidad de resiliencia.

Cómo intervenir

Para abordar el perfeccionismo en un estudiante, es fundamental comenzar comprendiendo sus posibles orígenes, que podrían incluir:

- exigencias excesivas que el propio estudiante se impone,
- expectativas elevadas por parte de los padres,
- docentes con estándares estrictos,
- compañeros que lo perciben como infalible.

Es útil dialogar con el estudiante sobre este tema, invitándolo a reflexionar con preguntas como:[2]

- ¿Por qué es tan importante la perfección para ti?
- ¿Cómo te sientes cuando cometes errores?
- ¿Podrías explicarme qué es lo que te causa temor o ansiedad?

> Resulta esencial crear un entorno de aprendizaje
> en el que el estudiante se sienta seguro y sepa
> que puede equivocarse.

Los consejos del experto

El perfeccionismo, el desarrollo asincrónico y la sobreexcitabilidad pueden contribuir al *burnout*, aumentando su intensidad o duración. Aunque no existe una prueba concreta para detectarlo, hay indicadores y síntomas que pueden ser físicos, psicosociales o comportamentales[4] como:

- actitud negativa hacia los estudios, los docentes, los compañeros, los padres y la experiencia escolar en general;
- pérdida de interés en temas o actividades que antes disfrutaba;
- miedo constante a asistir a la escuela u otras actividades;
- episodios frecuentes de ansiedad o ataques de pánico;
- cambios en los patrones de alimentación y sueño;

- sensación de impotencia ante contratiempos menores;
- dolor de cabeza, problemas digestivos u otros malestares físicos;
- tendencia al aislamiento de amigos y familiares;
- falta de motivación para completar tareas, deberes o compromisos sociales;
- sentimientos de inutilidad, desesperanza o pesimismo respecto al futuro.

Un estudiante con altas capacidades puede presentar distintas combinaciones de estos síntomas.

Para ayudarlo a gestionar su perfeccionismo y evitar que alcance niveles de estrés que lo lleven al *burnout*, se pueden emplear las siguientes técnicas y estrategias:

- Utiliza técnicas de relajación (meditación, yoga, respiración profunda, relajación muscular) junto con herramientas como el humor, la escritura y el dibujo.
- Sugiérele que lea libros sobre el perfeccionismo y ayúdale a desarrollar estrategias para no convertirse en una víctima del mismo.
- Elogia su esfuerzo más que los resultados. Celebra los pequeños logros.
- Bríndale apoyo cuando cometa errores. Ayúdale a comprender que los errores son una parte necesaria del proceso de aprendizaje y que superar los fracasos le permite reforzar la resiliencia.

- Enséñale a gestionar las preocupaciones y la ansiedad por el rendimiento, recordándole todos los logros que ya ha alcanzado con éxito.

En relación con este último punto, el siguiente apartado presenta una herramienta útil del Modelo SEM.

PARA PROFUNDIZAR:
Catálogo integral de talentos

Para resaltar de forma eficaz los puntos fuertes y los logros de los estudiantes, puede emplearse el Catálogo integral de talentos del Modelo SEM:[5] este recurso actúa como un «pasaporte» que acompaña al estudiante, recopila información y documenta su trayectoria escolar.

Ayuda a estudiantes, docentes, orientadores y padres a tomar decisiones sobre futuros proyectos educativos y profesionales (incluida la elección universitaria), a seleccionar actividades escolares y extraescolares, y a evaluar la participación en concursos, entre otros, basándose en los puntos fuertes e intereses, así como en los estilos de aprendizaje y expresión de los jóvenes.

Los objetivos principales del Catálogo integral son:

- **Recopilar** información regularmente sobre los puntos fuertes de los estudiantes.
- **Clasificar** la información en categorías como habilidades, intereses y estilos de aprendizaje.
- **Revisar y analizar** periódicamente la información con el objetivo de tomar decisiones sobre la conveniencia de ofrecer experiencias de enriquecimiento en la clase del estudiante, en los grupos de enriquecimiento y en los servicios especiales.
- **Utilizar** la información para implementar medidas de aceleración o enriquecimiento escolar, y como guía en las decisiones educativas, personales y profesionales posteriores.

CAPÍTULO 13 ES SOBREEXCITABLE

y muestra una sensibilidad e intensidad elevadas

¿POR QUÉ SE COMPORTA ASÍ?

Porque vive las experiencias con una mayor intensidad.

Porque no logra controlar la intensidad de sus sensaciones.

Porque la intensidad con que vive las sensaciones le permite pensar y realizar cosas fuera de lo común.

QUÉ HACER

✓ Explica en clase qué es la sobreexcitabilidad.

✓ Destaca los aspectos positivos de estas manifestaciones.

✓ Valora la diversidad y las diferencias individuales.

✓ Enséñale a reconocer las señales de estrés y sus síntomas.

✓ Enséñale a gestionar el estrés.

✓ Ayúdalo a ser más consciente del impacto que tiene su comportamiento en los demás.

QUÉ NO HACER

✗ NO permitas que sea ridiculizado por sus manifestaciones hipersensibles.

✗ NO critiques estas manifestaciones.

✗ NO reprimas su sensibilidad y emotividad.

✗ NO le hagas sentir extraño o que se equivoca.

Qué conviene tener en cuenta

Muchas personas creativas y con altas capacidades poseen un nivel de sensibilidad emocional y sobreexcitabilidad que no es común en otros niños, adolescentes o adultos.[1] Son precisamente estos elevados niveles de sensibilidad y excitabilidad los que les proporcionan la energía necesaria para alcanzar grandes logros y llevar vidas interesantes.[1]

Los expertos en este ámbito se refieren a estas características particulares de los estudiantes con altas capacidades como un «superpoder», destacando la connotación positiva de las sobreexcitabilidades.

El término inglés «*overexcitability*» describe una tendencia innata a responder de forma intensa a diversos estímulos, tanto externos como internos. Estas sobreexcitabilidades son uno de los rasgos que definen a las personas con altas capacidades y se cree que sus excepcionales habilidades están directamente relacionadas con su mayor intensidad, sensibilidad y tendencia a experimentar emociones intensas. Debido a que viven las experiencias emocionales con mayor intensidad que sus pares de la misma edad cronológica, a menudo se les describe como «niños con la piel muy fina».

Trabajar con estudiantes que presentan sobreexcitabilidades puede ser un desafío. Sus comportamientos pueden parecer inusuales o extraños en contextos escolares, familiares o sociales. Estos jóvenes a menudo se sienten diferentes, lo que puede llevarlos a sentir vergüenza o culpa por no ser capaces de controlar estas manifestaciones, a pesar de los múltiples aspectos positivos que poseen. Son personas entusiastas, curiosas, enérgicas y creativas, pero también sumamente empáticas, compasivas, que destacan por unos valores morales y éticos muy desarrollados. Esta intensa percepción del mundo los obliga a desarrollar buenas habilidades comunicativas para compartir su visión única del entorno.

Al mismo tiempo, sin embargo, debido a su mayor percepción y reacción ante los estímulos externos, son más propensos al estrés y al burnout. Ayúdales a desarrollar estrategias eficaces para abordarlo: hablar de sus sentimientos, practicar ejercicios de relajación y actividad física, cuidar la alimentación, meditar, aprender a pedir ayuda, y adquirir habilidades organizativas y de gestión del tiempo.

Cómo intervenir

Quien manifiesta diversas formas de sobreexcitabilidad ve la realidad de un modo diferente, más intenso y multifacético.[2]
Las sobreexcitabilidades nutren, enriquecen, refuerzan y amplifican el talento.[3]

La investigación ha identificado cinco tipos de sobreexcitabilidad (SE),[2, 3, 4, 5, 6] que no necesariamente coexisten en todas las personas con altas capacidades:

- SE psicomotriz.
- SE sensorial.
- SE intelectual.
- SE imaginativa.
- SE emocional.

SE psicomotriz

Los estudiantes que presentan una sobreexcitabilidad psicomotriz se caracterizan por un alto nivel de energía, entusiasmo, inquietud y locuacidad. Necesitan actividad motora constantemente (estar sentados por mucho tiempo les resulta muy difícil de soportar) y esto puede llevar a que los confundan con estudiantes con TDAH, lo que los expone a un diagnóstico erróneo. A veces actúan de manera impulsiva, se portan mal, muestran nerviosismo o adoptan actitudes competitivas.[7]

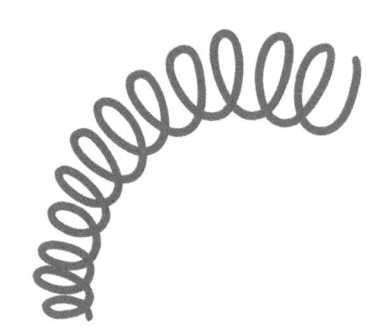

- Dedica tiempo para la actividad física o verbal antes, durante y después de las actividades diarias y escolares: estos estudiantes necesitan «moverse».
- Deja espacio para la espontaneidad.

SE sensorial

Se manifiesta como una experiencia amplificada de los cinco sentidos: la vista, el olfato, el tacto, el gusto y el oído pueden ser extremadamente agudos e intensos, hasta el punto de hacer casi insoportables ciertos olores o perfumes, los ruidos y el bullicio de algunos entornos, o el simple contacto con determinados materiales y prendas de vestir.

- Ayúdalos a aprender a gestionar sus sentidos de manera constructiva en lugar de destructiva.

- Enséñales a crear un entorno cómodo y relajante que limite esos estímulos.

SE intelectual

Se distingue por un fuerte deseo de adquirir conocimientos, buscar la verdad, analizar y sintetizar información.[8, 9] Estos estudiantes se preocupan por cuestiones éticas, tienen un fuerte sentido de la justicia, respeto y equidad, además de un amor por la verdad, las ideas y el descubrimiento. Son profundamente curiosos y necesitan estímulos constantes para saciar su insaciable apetito intelectual. A veces pueden parecer críticos e impacientes con quienes no logran seguir su ritmo.

- Comprende la necesidad de estos estudiantes intelectualmente sobreexcitables para encontrar respuestas a preguntas importantes.
- Sugiere cómo abordar cuestiones éticas de manera eficaz, cómo actuar ante emergencias sociales, cómo iniciar campañas de sensibilización o utilizar su capacidad de influir para el bien común. Estas actividades consiguen hacerles sentirse útiles, ya que pueden ayudar a encontrar la solución de problemas locales o mundiales.
- Ayúdales a entender que su actitud impaciente y las críticas demasiado explícitas pueden herir a otros o considerarse irrespetuosas.

SE imaginativa

Son estudiantes extremadamente creativos, con una imaginación vívida. Crean mundos o amigos imaginarios, sueñan despiertos y piensan en metáforas. Pueden confundir la realidad con la fantasía y a menudo usan su imaginación como vía de escape del aburrimiento que les causa un currículo rígido.

- Ayúdalos a distinguir entre su mundo imaginario y el real.
- Ayúdalos a usar su imaginación de manera funcional para el mundo real, trasladando su forma original de organizar pensamientos a actividades cotidianas.

SE emocional

Esta sobreexcitabilidad los lleva a vivir sentimientos muy intensos, emociones complejas, una alegría incontenible, y a experimentar un fuerte sentido de compasión y preocupación por los demás. Viven relaciones intensas y desarrollan fuertes vínculos hacia personas, cosas y lugares. Esta intensidad puede interferir en su vida diaria, generando ansiedad, temores, preocupación por la muerte o sentimientos de no estar a la altura e inferioridad.

- Demuestra tu predisposición a aceptar todos estos sentimientos intensos sin considerarlos melodramáticos o excesivos.
- Ayúdales a no sentirse sobrepasados por sus emociones y a evitar perder el control, previniendo respuestas físicas derivadas de ellas. Si aceptamos su intensidad emocional y los apoyamos en la resolución de los problemas que puedan surgir debido a ella, los ayudaremos a que se desarrollen de forma sana y equilibrada.

Los consejos del experto

Los estudiantes que muestran una o más sobreexcitabilidades y emociones intensas a menudo no son conscientes de que sus manifestaciones pueden parecer excesivas a los demás, lo que puede llevarlos a perder el control y manifestarlo físicamente. Ayúdales a identificar las señales tempranas de tales situaciones. Si aprenden a reconocerlas, podrán abordar las situaciones emocionales evitando perder el control y sentirse avergonzados.

CAPÍTULO 14
Le cuesta
AUTORREGULARSE

¿POR QUÉ SE COMPORTA ASÍ?

Porque algunas características asociadas a las altas capacidades influyen en sus habilidades de autorregulación.

Porque podría carecer de confianza en sí mismo y autoestima.

Porque puede tener dificultades para gestionar el estrés y la frustración.

QUÉ HACER

✓ Enséñale que las habilidades de autorregulación son importantes para las relaciones sociales y para el éxito escolar.

✓ Ayúdale a controlar su comportamiento, sus emociones y sus pensamientos.

✓ Establece objetivos a corto plazo.

✓ Utiliza el juego de roles.

QUÉ NO HACER

✗ NO tengas expectativas poco razonables respecto a las capacidades escolares del estudiante.

✗ NO ejerzas demasiado control sobre su proceso de aprendizaje.

Qué conviene tener en cuenta

La autorregulación es la capacidad de controlar el propio comportamiento, las emociones y los pensamientos en la búsqueda de objetivos a largo plazo.[1] Esta habilidad incluye los conceptos de autocontrol, autogestión y automonitoreo.

Aprender a autorregularse es una habilidad fundamental tanto en la etapa escolar como en la vida adulta. Un individuo con escasa capacidad de autorregulación puede carecer de confianza en sí mismo y autoestima, además de tener dificultades para gestionar el estrés y la frustración, lo que podría derivar en episodios de ira o ansiedad.

La investigación en el ámbito de la educación para estudiantes con altas capacidades se ha centrado históricamente en aspectos psicométricos, cognitivos y académicos. Hasta hace poco no se ha comenzado a prestar atención a las variables socioemocionales,[2, 3] adoptando una visión holística del individuo. En realidad, las variables sociales, emocionales y motivacionales tienen una notable influencia tanto en el aprendizaje como en el bienestar del estudiante.

La autorregulación y el aprendizaje autorregulado no son lo mismo, aunque estos términos suelen utilizarse de manera indistinta.[4] Originalmente, la teoría de la autorregulación, formulada por Bandura,[5] hacía referencia a la dimensión comportamental y emocional en el contexto de la vida general, especialmente de los adultos.[4] Sin embargo, estudios recientes han demostrado la existencia de conexiones significativas entre las altas capacidades, la metacognición, la autorregulación y el aprendizaje autorregulado. Este último ocupa un lugar destacado entre estos aspectos porque ofrece un valioso aporte para comprender las altas capacidades y diseñar planes educativos adecuados para aquellos estudiantes.[4]

Los procesos de aprendizaje metacognitivos y autorregulados son habilidades que no surgen necesariamente «de manera natural». Zimmerman sugiere que las capacidades de autorregulación pueden enseñarse, aprenderse y gestionarse.[6] Por ello, la autorregulación puede considerarse como un «autocontrol aprendido» en la relación entre el individuo y su entorno. Los docentes, en consecuencia, pueden ayudar a los estudiantes con altas capacidades a aprender a autorregularse. Ziegler y Stoeger[7] defienden la idea de incorporar estrategias de aprendizaje autorregulado en la educación de estos estudiantes.[4]

El uso de estrategias de aprendizaje autorregulado puede suponer un gran beneficio, incluso esencial, para el éxito académico de estudiantes con altas capacidades.[7] Estas estrategias les permitirían desarrollar un enfoque del aprendizaje y un estilo de trabajo que se ajustara a sus habilidades. Además, los enfoques basados en la teoría de la autorregulación se consideran herramientas valiosas para combatir el bajo rendimiento académico en estudiantes con potencial para destacar.[8, 9]

Cómo intervenir

Según Kaufman, la autodisciplina es una herramienta más precisa que el coeficiente intelectual (CI) para predecir el rendimiento escolar.[10] Reis afirma que la falta de autorregulación en el aprendizaje es una de las experiencias más negativas que pueden vivir los estudiantes con altas capacidades.[11]

Los estudiantes con altas capacidades que comparten un currículo y entornos de aprendizaje con sus compañeros se enfrentan a diversos desafíos,[7] como:

- la gestión del tiempo;
- la incapacidad para evaluar su propio aprendizaje o establecer objetivos;
- la falta de conciencia sobre sus propias capacidades.

En este sentido, la autorregulación es un proceso de aprendizaje integrado que consiste en desarrollar un conjunto de comportamientos constructivos capaces de influir positivamente en el aprendizaje.[6, 12, 13]

El aprendizaje autorregulado, que es un proceso dinámico y complejo,[4] resulta especialmente crucial para estos estudiantes. Les ayuda a reconocer sus intereses y mejorar sus habilidades avanzadas[5, 6] en comparación con sus compañeros, con un impacto positivo no solo en su desarrollo cognitivo y resultados académicos, sino también en su bienestar.

Según Zimmerman, el aprendizaje autorregulado implica la regulación de tres aspectos generales del aprendizaje escolar: personal, conductual y ambiental.[6, 12, 14]

→ Las estrategias personales hacen referencia al modo en que un estudiante organiza e interpreta la información.

→ Las estrategias conductuales se producen cuando los estudiantes controlan el progreso o la calidad de su trabajo al examinar las acciones que realizan durante el proceso de aprendizaje.[6, 14, 15]

→ Las estrategias ambientales para el aprendizaje autorregulado implican el uso de recursos externos y la adaptación del entorno de los estudiantes.[6, 14, 15]

Asimismo, la metacognición también es fundamental para la autorregulación, ya que ayuda a los estudiantes a gestionar su motivación, a tomar conciencia y a tener control sobre su proceso de aprendizaje, algo que también impacta en su aprendizaje socioemocional. Los estudiantes con buenas habilidades metacognitivas:

- son reflexivos y comprenden sus propias emociones;
- son capaces de resistir acciones impulsivas;
- son conscientes de que sus decisiones tienen consecuencias para ellos mismos y para los demás.

Incorporar momentos de reflexión durante el proceso de aprendizaje es una parte esencial para desarrollar estudiantes autorregulados.[16]

Los consejos del experto

Para enseñar estrategias de aprendizaje autorregulado, los docentes deben transferir la responsabilidad del aprendizaje a los propios estudiantes, cediéndoles el control de sus tareas, como ocurre en las situaciones de enriquecimiento del Modelo SEM, con actividades como las investigaciones de Tipo III auto seleccionadas o los grupos de enriquecimiento. Según Reis y Greene,[11] si queremos que los estudiantes aprendan a autorregularse debemos ayudarlos a:

- definir objetivos y expectativas;
- proporcionarles observaciones y sugerencias sobre su comportamiento;
- promover discusiones grupales para reflexionar sobre problemas;
- establecer conexiones entre conceptos abstractos;
- relacionar las nuevas experiencias con aprendizajes previos;
- utilizar actividades de aprendizaje experiencial;
- transferir las habilidades a contextos más amplios;
- integrar las competencias escolares con ejemplos de la vida real.

Los docentes pueden fomentar las habilidades de aprendizaje autorregulado haciendo que el aprendizaje sea significativo, incentivando interacciones sociales mediante el diálogo e incorporando estrategias específicas de la teoría de la autorregulación en las clases cotidianas.[4] Una vez adquiridas estas habilidades, los estudiantes podrán utilizarlas sin necesidad de la guía constante del docente.

Reis y Greene sugieren una serie de preguntas simples con las que los docentes pueden guiar a los estudiantes en la adquisición de habilidades de autorregulación.[11]

En la fase previa a la ejecución propiamente dicha, que sienta las bases para la acción, los docentes sugieren a los estudiantes que se hagan estas preguntas:

- ¿Cuándo comenzaré?
- ¿Dónde realizaré el trabajo?
- ¿Cómo empezaré?
- ¿Qué condiciones facilitarán o dificultarán mis actividades de aprendizaje?

En la segunda fase del aprendizaje autorregulado, que implica los procesos durante el aprendizaje y el intento activo de utilizar estrategias específicas para lograr un mayor éxito:

- ¿Estoy logrando lo que esperaba?
- ¿Estoy distraído?
- ¿Esto lleva más tiempo del que creía?
- ¿En qué condiciones obtengo mejores resultados?
- ¿Qué preguntas puedo hacerme mientras trabajo?
- ¿Cómo puedo motivarme para seguir trabajando?

En la fase final del aprendizaje autorregulado, que contempla la autorreflexión tras la ejecución para una autoevaluación de los resultados en relación con los objetivos:

- ¿Logré lo que me había planteado?
- ¿Cómo me esforcé durante el trabajo?
- ¿Destiné suficiente tiempo, o necesité más del que pensaba?
- ¿En qué condiciones realicé la mayor parte del trabajo?

Por último, el andamiaje mencionado en la introducción, es especialmente útil como herramienta de aprendizaje en las teorías metacognitivas y en el aprendizaje autorregulado.

El pacto educativo

Los padres pueden ayudar a los jóvenes a mejorar sus habilidades de autogestión actuando como modelos a seguir y ayudándolos a adquirir estrategias específicas que les permitan aumentar el control sobre su comportamiento y su entorno.

La investigación también ha señalado que uno de los factores de riesgo para los niños con altas capacidades es la existencia de expectativas irrazonables por parte de los padres respecto a sus logros y éxito escolar. Estas expectativas pueden contribuir al desarrollo de dificultades emocionales y comportamentales, como ansiedad, problemas en las relaciones con los compañeros e incapacidad para manejar el fracaso académico.[17]

CAPÍTULO 15 Presenta SÍNTOMAS DEPRESIVOS

¿POR QUÉ SE COMPORTA ASÍ?

Porque algunas de las características de los estudiantes con altas capacidades podrían constituir factores de riesgo.

Porque sienten la presión de las expectativas excesivas de los docentes, los padres y la sociedad.

QUÉ HACER

✓ Involucra a un psicólogo escolar para abordar el tema de la depresión y el suicidio.

✓ Observa los cambios repentinos de humor, la pérdida de interés en sus aficiones, la escuela, los deportes o el cuidado personal.

✓ Asegúrate de que no se aísle demasiado de sus amigos o de la vida social.

✓ Trata de identificar si consume alcohol o drogas.

QUÉ NO HACER

✗ NO critiques comportamientos que forman parte de su naturaleza, como ser demasiado sensible, intenso o curioso.

✗ NO te olvides de aceptar y fomentar sus intereses individuales, sus puntos fuertes y sus habilidades.

✗ NO hagas hincapié en sus errores y fracasos.

Qué conviene tener en cuenta

Según los estudios publicados, no hay pruebas de que la tasa de suicidios entre estudiantes con altas capacidades sea mayor o menor que la de otros estudiantes.[1, 2, 3, 4, 5, 6] Sería un error considerarlos como suicidas potenciales.[7] Los casos de depresión y los niveles de esta son similares en estos jóvenes y en los que no lo son.[8] A pesar de esto, existe la creencia de que los estudiantes con altas capacidades tienen un mayor riesgo de depresión y suicidio, aunque no hay datos empíricos que respalden esta idea, salvo en el caso de estudiantes dotados con talento creativo en las artes visuales y la escritura.[9] Sin embargo, muchas características propias de estos estudiantes son, de hecho, factores de riesgo, como:[5, 9, 10, 11, 12]

- alto rendimiento cognitivo (desarrollo asincrónico);
- aislamiento social;
- perfeccionismo neurótico;
- sobreexcitabilidad;
- alta sensibilidad y una gran conciencia de los problemas del mundo, a menudo acompañada de frustración e impotencia ante la sensación de no poder influir ni mejorar las cosas.

Los jóvenes con altas capacidades infelices manifiestan su malestar con comportamientos y actitudes similares a las de otros jóvenes: pueden volverse fanfarrones, burlarse y menospreciar a los demás, evitar responsabilidades, adoptar una actitud negativa, desafiar constantemente a los adultos, no esforzarse, renunciar a participar en actividades o aislarse. También pueden perder el control fácilmente, enfadarse, caer en el bajo rendimiento académico o evitar las amistades.

Cómo intervenir

Lo primero que conviene hacer es tomarse el tiempo necesario para observar de manera atenta y profunda. Los docentes pueden identificar síntomas de baja autoestima o depresión al analizar el lenguaje corporal: cabeza gacha, tono de voz casi imperceptible, falta de contacto visual y postura encorvada son señales de un bajo concepto de sí mismo.

Otros comportamientos a los que hay que prestar atención incluyen tristeza o infelicidad persistente, una pérdida general de interés, disminución de la energía, falta de apetito y/o sueño, y dificultad para concentrarse.

Los consejos del experto

Según la literatura especializada, algunos de los signos identificados en adolescentes que sufren una depresión grave y están en riesgo de suicidio son:[7, 13]

- amenazas de suicidio, ya sean veladas o directas, expresadas en tono serio o de broma;
- cambios repentinos en el carácter y comportamiento;
- deshacerse de objetos de valor;
- urgencia por resolver asuntos insignificantes pendientes;
- baja autoestima;
- aumento de la irritabilidad;
- comportamiento autolesivo o autodestructivo;

- síntomas graves de depresión;
- aislamiento de la familia y los compañeros;
- rechazo a participar en eventos sociales;
- perfeccionismo;
- percepción desmesurada del fracaso.

El pacto educativo

La prevención del suicidio debe involucrar a la familia, la escuela y los compañeros.[9] En particular, los adultos que forman parte del entorno de un joven con altas capacidades y que detectan algunos de los signos mencionados deben abordar el tema del suicidio de manera seria, con el apoyo de un psicólogo.

Es fundamental señalar que los predictores más importantes de una posible depresión son ciertas características del joven con altas capacidades, como el tipo de talento, su integración en el entorno escolar y social, y su dinámica familiar, más que sus altas capacidades cognitivas.

En especial, la preocupación desmesurada por los errores, junto con las altas expectativas de los padres y la sociedad, pueden provocar baja autoestima y depresión.

«La vergüenza y el sentimiento de culpa por el "fracaso" pueden llevarlos al suicidio».[14]

> Muchos jóvenes con altas capacidades creen que solo los quieren por sus calificaciones, logros y habilidades especiales. Por ello, no aceptan cometer errores ni fracasar.[11]

CONCLUSIONES

Este libro de formación docente nos ha permitido abordar algunos de los aspectos principales que caracterizan a los jóvenes con altas capacidades, con el objetivo de ayudarte a comprender mejor sus necesidades educativas, sociales y emocionales.

No obstante, la presentación de una serie de características que podrían o no manifestarse en ellos no debe llevarnos a pensar que el estudiante con altas capacidades es un ser «problemático». **Las altas capacidades no son un problema, sino una riqueza**, un valor añadido del que puede beneficiarse la clase, siempre que se proporcionen los estímulos y el apoyo adecuados que estos estudiantes no solo necesitan, sino que tienen derecho a recibir.

El deseo es que las competencias adquiridas gracias a esta lectura breve y no exhaustiva contribuyan a generar una nueva conciencia que te permita diseñar experiencias de aprendizaje que ayuden a estos estudiantes a desarrollar plenamente su potencial. Esto incluye un proyecto de crecimiento personal en el que descubran sus puntos fuertes e intereses, incluso aquellos no contemplados en el currículo escolar, sobre los que podrán construir trayectorias académicas, universitarias y profesionales satisfactorias y felices.

En la introducción, presentamos la Carta de los derechos de los niños con altas capacidades. Queremos concluir con la **Carta de los derechos de los docentes de estudiantes con altas capacidades**, que reconoce a los docentes el derecho a adoptar modelos y estrategias pedagógicas para garantizar que la escuela también responda a las necesidades de estos estudiantes.[1]

Los docentes de estudiantes con altas capacidades tienen derecho a:

- apoyar a los estudiantes y fomentar sus intereses;
- modificar el currículo existente;
- participar en cursos de formación para aprender a identificar y apoyar a estudiantes con altas capacidades de diferentes orígenes;
- buscar ideas y recursos innovadores;
- probar nuevos enfoques, estrategias, prácticas y herramientas en el aula;
- proporcionar oportunidades de enriquecimiento basadas en los intereses y pasiones de los estudiantes;
- fomentar habilidades de pensamiento de orden superior, resolución de problemas, creatividad y aprendizaje autónomo;
- contar con políticas educativas estatales y autonómicas que respalden programas y servicios para estudiantes con altas capacidades;
- considerar los diversos contextos sociales, emocionales, culturales y económicos de sus estudiantes;
- establecer estándares de una buena práctica educativa;
- afirmar: «Este estudiante necesita algo diferente».

BIBLIOGRAFÍA

INTRODUCCIÓN

[1] National Association for Gifted Children (2010). Redefining giftedness for a new century: Shifting the paradigm. National Association for GiftedChildren. https://thegiftedchild.weebly.com/uploads/2/3/9/1/23911245/redefining_giftedness_for_a_new_century.pdf

[2] National Association for Gifted Children (2011). *State of the states in gifted education 2010-2011*. Author.

[3] Bloom, B. J. (1985). *Developing talent in young people*. Ballantine Books.

[4] Sternberg, R. J. (2001). Giftedness as developing expertise: A theory of the interface between high abilities and achieved excellence. *High Ability Studies*, 12, 159-179.

[5] Subotnik, R. F., P. Olszewski-Kubilius, y Worrell F. C. (2011). Rethinking giftedness and gifted education: A proposed direction forward based on psychological science. *Psychological Science in the Public Interest*, 12,3-54.

[6] Renzulli, J. S., Smith, L., White, A., Callahan, C., Hartman, R., Westberg, Gavin, M. Reis, S.; Siegle, D. y Sytsma, R. (2013). Scales for Rating the Behavioral Characteristics of Superior Students: Technical and administration manual (3th ed). Prufrock.

[7] Renzulli, J. S. (2021). *Scale Renzulli. Scale per l'identificazione delle caratteristiche comportamentali degli studenti plusdotati*. Erickson.

[8] Bell, L. A. (1989). Something's wrong here and it's not me: Challenging the dilemmas that block girls' success. Journal for the Education of the Gifted, 12, 118-130.

[9] Buescher, T., P. Olszewski, y S. Higham. (1987) *Influences on strategies gifted adolescents use to cope with their own recognized talent*. Ponencia presentada en el congreso bienal de la Society for Research in Child Development, Baltimore.

[10] Eccles, J., Midgley, C. y Adler T. F. (1984). Grade-related changes in the school environment: Effects on motivation. En. J. G. Nicholls (Ed.), *The development of achievement motivation*. JAI Press Eccles.

[11] Kerr, B. A., Colangelo, N y Gaeth, J. (1988). Gifted adolescents' attitudes toward their giftedness, *Gifted Child Quarterly*, 32(2), 245-247.

[12] Kramer, L. R. (1991). The social construction of ability perceptions: An ethnographic study of gifted adolescent girls. *Journal of Early Adolescence*, 11, 340-362.

[13] Reis, S. M. (1987). We can't change what we don't recognize: Understanding the special needs of gifted females», *Gifted Child Quarterly*, 31, 83-88.

[14] Reis, S. M. (1995) Talent ignored, talent diverted: The cultural context underlying giftedness in females. *Gifted Child Quarterly*, 39, 162-170.

[15] Reis, S M., C. M. Callahan y Goldsmith, D. (1996). Attitudes of adolescent gifted girls and boys toward education, achievement, and the future. En K. D. Arnold, K. D. Noble, y R. F. Subotnik (Eds.), *Remarkable women: Perspectives on female talent development* (pp. 209-224). Hampton Press.

[16] Reis, S. M. (1998). *Work left undone: Compromises and challenges of talented females*. Creative Learning Press.

[17] Winner, E. (1996). Gifted children. *Myths and realities*. Basic Books.

[18] Treffinger, D. J. (2009). Myth 5: Creativity is too difficult to measure. *Gifted Child Quarterly*, 53, 245-247..

[19] Reis, Sally M. y McCoach D. B (2000), The underachievement of gifted students: What do we know and where do we go?. *Gifted Child Quarterly*, 44(3), 152-170.

[20] Renzulli, J. S., Reis, S. M. y Milan, L. (2021). *Il modello di arricchimento scolastico: Guida pratica per lo sviluppo del talento*. Edizioni Junior Spaggiari.

[21] Pfeiffer, S. I. (2013). *Serving the gifted evidence-based clinical and psychoeducational practice (School-based practice in action)*. Routledge.

[22] Siegle, D. (2007). Gifted Children's Bill of Rights. NAGC. https://www.nagc.org/resources-publications/resources-parents/gifted-childrens-bill-rights

[23] Tomlinson, C. A. (1997), What it means to teach gifted learners well. https://www.nwesd.org/wp-content/uploads/2015/08/What-it-Means-to-Teach-Gifted-Lrners-Well.pdf

[24] Rimm, S. (2008). Underachievement syndrome: A psychological defensive pattern. In S. I. Pfeiffer (Ed.), *Handbook of giftedness in children: Psychoeducational theory, research, and best practice* (pp. 139–160). Springer Science.

[25] Dewey, J. (1913). *Interest and effort in education*. Houghton Mifflin and Company.

[26] Rimm, S. B., Siegle, D. B y Davis G. A. (2018) *Education of the gifted and talented* (pp. 355-356). Pearson college.

27 Davidson Institute. (2021). *Burnout in gifted children*. www.davidsongifted. org/gifted-blog/burnout-in-gifted-children/

28 Milan, L. y Zanetti, M. A. (2018). Sostenere lo sviluppo del talento e del potenziale a scuola: un modello inclusivo. *Psicologia dell'Educazione*, (2).

29 Milan, L., i Reis, S. M. (2020). The implementation of the Schoolwide Enrichment Model in Italian schools. *International Journal for Talent Development and Creativity*, *8*(1-2).

30 Tomlinson, C. A. (2005). Quality curriculum and instruction for highly able students. *Theory into Practice*, *44*(2), 160-166.

31 Wood, D., Bruner, J. S. y Ross, G. (1976). The role of tutoring in problem solving. *Child Psychology & Psychiatry & Allied Disciplines*, *17*(2), 89-100.

32 Vygotskij, L. S. (1978). *Mind in society: The development of higher psychological processes* (p. 87). Harvard University Press.

33 Kerr, B. (1983). Raising the career aspirations of gifted girls. *The Vocational Guidance Quarterly*, *32*, 37-43.

CAPÍTULO 1 — SE ABURRE

1 Renzulli, J. S., Gentry, M. y Reis, S. M. (2003). *Enrichment clusters: A practical plan for real-world, student-driven learning*. Creative Learning Press.

2 Renzulli, J. S.; Reis, S. M., y Milan, L. (2021). *Il modello di arricchimento scolastico: Guida pratica per lo sviluppo del talento*. Edizioni Junior Spaggiari.

3 Stanley, J. C. (2000). Helping students learn only what they don't already know, *Psychology, Public Policy, and Law, 6* (1), 216-222.

4 VanTassel-Baska, Joyce, y Brown E. F. (2007), An analysis of the efficacy of curriculum models in gifted education. *Gifted Child Quarterly*, *51*(4).

5 Csikszentmihalyi, M. (1975) *Beyond boredom and anxiety*. Jossey-Bass Publishers.

CAPÍTULO 8 — NO LE GUSTA TRABAJAR EN GRUPO

1 Slavin, R. E. (1980). Cooperative learning. *Review of Educational Research*, *50*(2), 315-342.

2 Webb, N. M. y Palincsar, A. S. (2004). Group processes in the classroom. En D. C. Berliner, y R. C. Calfee (Eds.), *Handbook of educational psychology* (2a ed.) (pp. 841-873). Routledge.

3   Johnson, D. W. y Johnson, R. T. (1974). Instructional goal structure: Cooperative, competitive, or individualistic. *Review of Educational Research, 44*(2), 213-240.

4   Johnson, D. W., Johnson, R. T., Buckman, L. A. y Richards, P. S. (1985). The effect of prolonged implementation of cooperative learning on social support within the classroom. *The Journal of Psychology: Interdisciplinary and Applied, 119*(5), 405-411.

5   Robinson, N. M. (2003). The social world of gifted children and youth. En S. I. Pfeiffer (Ed.), *Handbook of giftedness in children: Psychoeducational theory, research, and best practices* (pp. 33-51). Springer Science + Business Media.

6   Clinkenbeard, P. R. (1991). Unfair expectations: A pilot study of middle school students' comparisons of gifted and regular classes. *Journal for the Education of the Gifted, 15*(1), 56-63.

7   Matthews, M. (1992). Gifted students talk about Cooperative Learning. *Educational Leadership, 50*(2), 48-50.

8   Li, A. K. F. y Adamson, G. (1992). Gifted secondary students' preferred learning style: Cooperative, competitive, or individualistic?. *Journal for the Education of the Gifted, 16*(1), 46-54.

9   Boyce, L. N., VanTassel-Baska, J., Burruss, J. D., Sher, B. T. y Johnson, D. T. (1997). A problem-based curriculum: Parallel learning opportunities for students and teachers. *Journal for the Education of the Gifted, 20*(4).

10   Feldhusen, J. F. y Kolloff, P. B. (1986). The Purdue Three-Stage Enrichment Model at the elementary level. En J. S. Renzulli (Ed.), *Systems and models for developing programs for the gifted and talented*. Creative Learning Press.

11   Gallagher, J. J. (1997). Least restrictive environment and gifted students. *Peabody Journal Education, 72*(3-4), 153-165.

12   Stanley, J. C. (1998). Review of the book Excellence in educating gifted and talented learners (3rd ed.), edited by J. VanTassel-Baska. Gifted Child Quarterly, *42*(4), 262-265.

13   VanTassel-Baska, J. (2003). *Curriculum planning and instructional design for gifted learners*. Denver, CO: Love Publishing Co.

14   Parr, J. M., y Townsend, M. A. R. (2002). Environments, processes, and mechanisms in peer learning. *International Journal of Educational Research, 37*(5), 403-423.

15   Renzulli, J. S.; Reis, S. M. y Milan, L. (2021). *Il modello di arricchimento scolastico: Guida pratica per lo sviluppo del talento*. Edizioni Junior Spaggiari.

CAPÍTULO 9 — LOS RESULTADOS ACADÉMICOS NO REFLEJAN SU POTENCIAL

[1] Siegle, D. (2018). Understanding underachievement. En S. I. Pfeiffer (Ed.), *Handbook of giftedness in children: Psychoeducational theory, research, and best practices* (2a ed., pp. 285-297). Springer.

[2] Archambault Jr, F. X., Westberg, K. L., Brown, S. W., Hallmark, B. W., Zhang, W. y Emmons, C. L. (1993). Classroom practices used with gifted third and fourth grade students. *Journal for the Education of the Gifted, 16*(2), 103-119.

[3] Warnemunde, C. y Samson, J. H. (1991). *Underachievement: Reversing the process a parents guide for assisting your underachiever to success.* Family Life Publications.

[4] Siegle, D. (2012). *Research related to the Achievement Orientation Model as it relates to underachievement of gifted students.* Conferencia. Annual Meeting of the American Educational Research Association, Vancouver, Canadá.

[5] Almukhambetova, A. y Hernández-Torrano, D. (2020). Gifted students' adjustment and underachievement in university: An exploration from the self-determination theory perspective. *Gifted Child Quarterly, 64*(2), 117-131.

[6] Barbier, K., Donche, V. y Verschueren, K. (2019). Academic (Under) achievement of intellectually gifted students in the transition between primary and secondary education: An individual learner perspective. *Frontiers in Psychology, 10.*

[7] McCall, R. B., Evahn, C. y Kratzer, L. (1992). *High school underachievers: What do they achieve as adults?* SAGE Publications.

[8] Peterson, J. S. y Colangelo, N. (1996). Gifted achievers and underachievers: A comparison of patterns found in school files. *Journal of Counseling & Development, 74*(4), 399-407.

[9] Renzulli, J. S. y Park, S. (2000). Gifted dropouts: The who and the why. *Gifted Child Quarterly, 44*(4), 261-271.

[10] Snyder, K.E. Fong, C. J., Painter, J. K., Pittard, C. M., Barr, S.M. i Patall, E. A. (2019). Interventions for academically underachieving students: A systematic review and meta-analysis. *Educational Research Review, 28,* 1-22.

[11] Winner, E. (1996). *Gifted children: Myths and realities.* Basic Books.

[12] Dweck, C. S. (2006). *Mindset: The new psychology of success.* Random House.

[13] Dweck, C. S. (1999). *Self-theories: Their role in motivation, personality, and development.* Psychology Press.

[14] Dewey, J. (1913). *Interest and effort in education.* Houghton Mifflin and Company.

15 Siegle, D., Da Via Rubenstein, L., Pollard, E. y Romey, E. (2010). Exploring the relationship of college freshmen honors students' effort and ability attribution, interest, and implicit theory of intelligence with perceived ability. *Gifted Child Quarterly, 54*(2), 92-101.

16 Baum, S. M., Renzulli, J. S. y Hébert, T. P. (1995). Reversing underachievement: Creative productivity as a systematic intervention. *Gifted Child Quarterly, 39*(4), 224-235.

17 Rimm, S. B., Cornale, M., Behrand, J. y Manos, R. (1989). *Guidebook for implementing the trifocal underachievement program for schools.* Apple Publishing Company.

18 Renzulli, J. S., Reis, S. M. y Milan, L. (2021). *Il modello di arricchimento scolastico: Guida pratica per lo sviluppo del talento.* Edizioni Junior Spaggiari.

19 Renzulli, J. S. (1976). The enrichment triad model: A guide for developing defensible programs for the gifted and talented. *Gifted Child Quarterly, 20*(3), 303-326.

20 Renzulli, J. S. (1977). *The enrichment triad model: A guide for developing defensible programs for the gifted.* Creative Learning Press.

21 Milan, L. (2020). Dagli USA all'Italia: la didattica SEM nelle scuole di Vicenza. Il Modello di Arricchimento Scolastico (SEM), un approccio inclusivo allo sviluppo del potenziale. *I Quaderni di SeA, 2.*

22 Reis, S. M. y Renzulli, J. S. (2005). *Curriculum compacting, an easy start to differentiating for high-potential students.* Prufrock Press Inc.

23 Renzulli, J. S. y Smith, L. H. (2013). *Scales for rating the behavioral characteristics of superior students* (3a ed.). Prufrock Press Inc.

24 Milan, L. y Zanetti, M. A. (2018). Sostenere lo sviluppo del talento e del potenziale a scuola: un modello inclusivo. *Psicologia dell'Educazione, 2.*

CAPÍTULO 10 — LE CUESTA INTEGRARSE EN EL GRUPO DE COETÁNEOS

1 Moon, S. M. y Hall, A. S. (1998). Family therapy with intellectually and creatively gifted children. *Journal of Marital and Family Therapy, 24*(1), 59-80.

2 Papadopoulos, D. (2021). Parenting the exceptional social-emotional needs of gifted and talented children: What do we know?. *Children (Basel), 8*(11), 953.

3 Silverman, L. K. (1983). Issues in affective development of the gifted. En J. VanTassel-Baska (Ed.), *A practical guide to counseling the gifted in a school setting* (pp. 6-21). ERIC Clearinghouse on Handicapped & Gifted Children.

4 Rost, D. H. y Czeschlik, T. (1994). The psycho-social adjustment of gifted children in middle-childhood. *European Journal of Psychology of Education, 9*(1), 15-25.

[5] Jung, C. G. (1979). *Ricordi, sogni, riflessioni*. Rizzoli.

[6] Renzulli, J. S. Reis, S. M. y Milan, L. (2021). *Il modello di arricchimento scolastico: Guida pratica per lo sviluppo del talento*. Edizioni Junior Spaggiari.

CAPÍTULO 11 — PRESENTA UN DESARROLLO ASINCRÓNICO

[1] Webb, N. (2007). *Tips for parents: Surviving your gifted teen, Davidson Institute* for Talent Development. www.davidsongifted.org/db/Articles_id_10408.aspx

[2] Columbus Group (1991). Transcripción inédita de la reunión del Columbus Group. Columbus, OH.

[3] Rinn, A. N. y Majority, K. L. (2008). The social and emotional world of the gifted. En S. I. Pfeiffer (Ed.), *Handbook of giftedness in children: Psychoeducational theory, research, and best practices* (pp. 139-160). Springer Science + Business Media.

CAPÍTULO 12 — ES PERFECCIONISTA Y CORRE EL RIESGO DE QUEMARSE

[1] Siegle, D. y Schuler, P. A. (2000). Perfectionism differences in gifted middle school students. *Roeper Review: A Journal on Gifted Education*, *23*, pp. 39-44.

[2] Greenspon, T. S. (2017). Helping gifted students move beyond perfectionism. En J. Danielian, C. M. Fugate y E. Fogarty (Eds.). *Teaching gifted children: Success strategies for teaching high-ability learners*. Prufrock Press Inc.

[3] Baker, J. A. (1996). Everyday stressors of academically gifted adolescents. *Journal of Secondary Gifted Education*, *7*(2), 356-368.

[4] Davidson Institute. (2021). Burnout in gifted children. Social and emotional resources. www.davidsongifted.org/gifted-blog/burnout-in-gifted-children/

[5] Renzulli, J. S., Reis, S. M. y Milan, L. (2021). *Il modello di arricchimento scolastico: Guida pratica per lo sviluppo del talento*. Edizioni Junior Spaggiari.

CAPÍTULO 13 — ES SOBREEXCITABLE Y MUESTRA UNA SENSIBILIDAD E INTENSIDAD ELEVADAS

[1] Rimm, S. B., Siegle, D. B. y Davis, G. A. (2018). *Education of the gifted and talented*. Pearson College Division.

² Dabrowski, K. (1972). *Psychoneurosis is not an illness*. Gryf.

³ Piechowski, M. M. (1999). Overexcitabilities. En M. A. Runco, i S. R. Pritzker (Eds.), *Encyclopedia of Creativity* (Vol. 2, pp. 325-334). Academic Press.

⁴ Dabrowski, K. (1967). *Personality-shaping through positive disintegration*. Little, Brown, & Co.

⁵ Lind, S. (2011). Overexcitability and the gifted. Supporting Emotional Needs os the Gifted (SENG). https://www.sengifted.org/post/overexcitability-and-the-gifted

⁶ Lind, S. (2000). Overexcitability and the highly gifted child. *CAG Communicator, 31*(4), 19, 45-48. https://www.davidsongifted.org/gifted-blog/overexcitability-and-the-highly-gifted-child/

⁷ Piechowski, M. M. (1991). Emotional development and emotional giftedness. En N. Colangelo, y G. Davis (Eds.), *Handbook of gifted education* (pp. 285-306). Allyn & Bacon.

⁸ Dabrowski, K, y Piechowski, M. M. (1977). *Theory of levels of emotional development* (Vols. 1-2). Dabor Science.

⁹ Piechowski, M. M. (1986). The concept of developmental potential. *Roeper Review: A Journal on Gifted Education, 8*, 190-197.

CAPÍTULO 14 — LE CUESTA AUTORREGULARSE

¹ Gillebaart, M. (2018). The "operational" definition of self-control, *Frontiers in Psychology, 9*, 1231.

² Blackett, R. y Webb, J. T. (2011). The social-emotional dimension of giftedness: The SENG model. *Australasian Journal of Gifted Education, 20*, 5-13.

³ Piechowski, M. M. (1997). Emotional intelligence: The measure of intrapersonal intelligence. En N. Colangelo i G. A. Davis (Eds.), *Handbook of gifted education* (2a ed., pp. 366-381). Allyn & Bacon.

⁴ Oppong, E., Shore, B. M y Muis, K. R. (2018). Clarifying the connections among giftedness, metacognition, Self-Regulation, and Self-Regulated Learning: Implications for theory and practice. *Gifted Child Quarterly, 63*(2).

⁵ Bandura, A. (1986). *Social foundations of thought and action: A social cognitive theory*. Englewood Cliffs. Prentice-Hall.

⁶ Zimmerman, B. J. (1989) A social cognitive view of self-regulated academic learning, *Journal of Educational Psychology, 81*, 329-339.

⁷ Ziegler, A. y Stoeger, H. Research on a modified framework of implicit personality theories. *Learning and Individual Differences, 20*(4), 318-326.

[8] Reis, S. M. y Greene, M. J. (s.d.). *Using self-regulated learning to reverse underachievement in talented students*. University of Connecticut, Neag School of Education, Renzulli Center for Creativity, Gifted Education, and Talent Development. https://gifted.uconn.edu/schoolwide-enrichment-model/self-regulated_learning_reverse_underachievement/

[9] Reis, Sally M., y D. B. McCoach, «The underachievement of gifted students: What do we know and where do we go?», *Gifted Child Quarterly*, 44 (2000), pp. 152-170.

[10] Kaufman, S. B. (2013). *Ungifted: Intelligence redefined*. Basic Books.

[11] Reis, S. M. y Greene, M. J. (2014). Using self-regulated learning to reverse underachievement in talented students. *The Renzulli Center for Creativity, Gifted Education, and Talent Development Newsletter*.

[12] Zimmerman, B. J. (1994). Dimensions of academic self-regulation: A conceptual framework for education. En D. H. Schunk y B. J. Zimmerman (Eds.), *Self-regulation of learning and performance: Issues and educational implications* (pp. 3-21). Erlbaum.

[13] Zimmerman, B. J., Bonner, S. i Kovatch, R. (1996). Developing self-regulated academic learning, *Journal of Educational Psychology, 81*, 329-339.

[14] Zimmerman, B. J. (1990). Self-Regulated Learning and academic achievement: An overview. *Educational Psychologist, 25*(1), 3-17.

[15] Zimmerman, B. J. (1995). Self-efficacy and educational development. En A. Bandura (Ed.), *Self-efficacy in changing societies* (pp. 202-231). Cambridge University Press.

[16] Housand A. y Reis, S. M. (2009). Self-regulated learning in reading: Gifted pedagogy and instructional settings. *Journal of Advanced Academics, 20*, 108-136.

[17] Morawska, A. i Sanders, M. R. (2009). An evaluation of a behavioural parenting intervention for parents of gifted children. *Behaviour Research and Therapy, 47*, 463-470.

CAPÍTULO 15 — PRESENTA SÍNTOMAS DEPRESIVOS

[1] Rimm, S. B.; Siegle, D. B. y Davis, G. A. (2018). *Education of the gifted and talented*. Pearson College Div.

[2] Cross, T. L., Cassady, J. C. y Miller, K. A. (2006). Suicide ideation and personality characteristics among gifted adolescents. *Gifted Child Quarterly, 50*(4), 295-306.

[3] Frazier, A. D. y Cross, T. L. (2006). Debunking the myths of suicide in gifted children. *Parenting for High Potential*, 12-15.

[4] Gust-Brey, K. L. y Cross, T. L. (1999). An examination of the literature base on the suicidal behaviors of gifted students. *Roeper Review: A Journal on Gifted Education, 22*, 28-35.

5   Neihart, M., Reis, S. M., Robinson, N. M. y Moon, S. M. (Eds.) (2002). *The social and emotional development of gifted children: What do we know?* Prufrock Press Inc.

6   Martin, L. T., Burns, R. M. y Schonlau, M. (2010). Mental disorders among gifted and nongifted youth: A selected review of the epidemiologic literature. *Gifted Child Quarterly, 54*(1), 31-41.

7   Delisle, J. y Galbraith, J. (2002). *When gifted kids don't have all the answers: How to meet their social and emotional needs.* Free Spirit Publishing.

8   Cross, T. L. y Andersen, L. (2016). Depression and suicide among gifted children and adolescents. En M. Neihart, S. I. Pfeiffer, y T. L. Cross (Eds.), *The social and emotional development of gifted children: What do we know?* (2a ed.). Routledge.

9   Neihart, M. y Olenchak, F. R. (2002). Creatively gifted children. En M. Neihart, S. M. Reis, N. M. Robinson y S. M. Moon (Eds.), *The social and emotional development of gifted children: What do we know?* Prufrock Press.

10 De Souza Fleith, D. (2001). Suicide among gifted adolescents: How to prevent it. *The National Research Center on the Gifted and Talented Newsletter, Spring 2001,* 6-8.

11 Schuler, P. (2002). Perfectionism in gifted children and adolescents. En M. Neihart, S. M. Reis, N. M. Robinson i S. M. Moon (Eds.), *The social and emotional development of gifted children: What do we know?* (pp. 71-79). Prufrock Press.

12 Reis, S. M, i Moon, S. M. (2002). Models and strategies for counseling, guidance, and social and emotional support of gifted and talented students. En M. Neihart, S. M. Reis, N. M. Robinson, i S. M. Moon (Eds.), *The social and emotional development of gifted children: What do we know?* (pp. 251-265). Prufrock Press.

13 Nelson, R. E. i Galas, J. C. (1994). *The power to prevent suicide: A guide for teens helping teens.* Free Spirit Publishing.

CONCLUSIÓN

1   Danielian, J. (2009). A Bill of Rights for Teachers of Gifted Students. National Association for Gifted Children (NAGC). www. nagc. org.442elmp01.blackmesh.com/blog/bill-rights-teachers-gifted-students

Vegueta Ediciones
Qué hacer (y qué no)
Colección dirigida por Eva Moll de Alba

Título original: *Plusdotazione e talento – Cosa fare (e non) – Scuola secondaria di primo grado* by Lara Milan
© 2023 por Edizioni Centro Studi Erickson S.p.A., Trento (Italy)
Todos los derechos reservados Bajo licencia de:

www.erickson.it
www.erickson.international

En colaboración con:

© de esta edición: Vegueta Ediciones S.L., 2026
Calle Mallorca, 293, 3º 1ª
08037 Barcelona
www.veguetaediciones.com
@vegueta_ediciones

Traducción del italiano: © Roberto Falcó
Ilustraciones: CarciofoContento
Maquetación: Compaginem Llibres, S.L.
Impresión y encuadernación: FINIDR, s.r.o.

Primera edición: marzo de 2026
ISBN: 978-84-19794-65-9
Depósito legal: B 3582-2026

MIXTO
Papel | Apoyando la
silvicultura responsable
FSC® C014138